LES

ALLEMANDS

DANS LA SARTHE

LES

ALLEMANDS

DANS LA SARTHE

ÉTUDE SUR LEUR CONDUITE PENDANT L'OCCUPATION
D'APRÈS LES ENQUÊTES FAITES DANS LE DÉPARTEMENT
Avec examen des règles du droit des gens
QU'ILS ONT VIOLÉES OU RESPECTÉES
ET OBSERVATIONS SUR LE CARACTÈRE ALLEMAND

RAPPORT

Présenté à la Société d'Agriculture, Sciences et Arts de la Sarthe
(Séances des 1er et 16 août 1873)

Par M. Armand SURMONT
Avocat, Membre titulaire de la Société.

LE MANS

TYPOGRAPHIE EDMOND MONNOYER

PLACE DES JACOBINS

1873

Extrait du Bulletin de la Société d'Agriculture, Sciences et Arts de la Sarthe.

LES ALLEMANDS
DANS LA SARTHE

C'est un mérite de notre siècle d'avoir mieux compris que ses devanciers quelles sont les conditions nécessaires de l'étude sérieuse des sciences morales et politiques, en particulier de l'histoire. Nous n'admettons plus les compositions purement littéraires dont on se contentait souvent à d'autres époques; nous voulons avant tout que des faits nombreux, circonstanciés, authentiques, mis dans leur vrai jour par une critique judicieuse, appuient et escortent toutes les appréciations de l'auteur. En même temps, pour assurer aux écrivains cette base solide des faits, nous comprenons qu'il faut multiplier les travaux qui ont pour objet de les recueillir et de les classer, sans avoir de visées plus hautes, comme les enquêtes et les statistiques, ou de faire la lumière sur un point déterminé, comme les monographies.

C'est d'une préoccupation de cette nature qu'est sorti le présent travail. C'est elle qui a inspiré, il y a plus d'un an déjà, à la Société d'Agriculture, Sciences et Arts de la Sarthe la pensée d'ouvrir une enquête sur les faits principaux qui avaient marqué l'invasion de notre département par les armées allemandes pendant la dernière guerre : œuvre purement locale, mais importante, car c'est par des études semblables, faites sur le théâtre même des événements, que l'histoire générale de l'invasion peut être sérieusement connue.

Le cadre d'une telle enquête est tout tracé et indique immédiatement son utilité. C'est le pendant de celui des rapports militaires. Ceux-ci nous apprennent les faits qui se passent pendant le combat. Mais l'histoire d'une guerre en contient d'autres, tous ceux qui, ayant lieu derrière le rideau impénétrable de l'armée envahissante, n'ont pour témoins que les habitants de la région occupée, réduits à tout voir et souvent à tout souffrir en silence. Les rapports militaires ignorent forcément ces faits ; il faut attendre que le flot de l'invasion se soit retiré pour interroger la population et savoir d'elle la vérité.

Recueillir le plus grand nombre possible de faits de cette nature, avec toutes les précautions commandées pour leur assurer le cachet de l'authenticité, en ne cherchant que la vérité, sans faveur ni haine, qu'elle soit à la honte ou à l'honneur de nos ennemis, tel a donc été le programme du travail de la Société.

Son intérêt est évident, car il est peu d'événements contemporains sur lesquels il importe davantage de chercher la vérité que ceux de la dernière guerre. Il en est peu, en effet, dont les faits se prêtent autant aux exagérations passionnées des uns, aux altérations et aux explications complaisantes des autres ; il en est peu aussi qui doivent s'imposer davantage aux méditations de l'opinion.

S'il est vrai, par exemple, comme le pensent beaucoup de personnes, que la guerre peut et doit se faire de nos jours plus humainement que les Allemands ne l'ont faite, il est de la dernière importance que cette conviction devienne promptement assez générale et assez fermement assise pour s'imposer aux belligérants, et consacrer certains progrès du droit des gens, comme cela est déjà tant de fois arrivé dans le cours de l'histoire. Mais s'il en doit être ainsi, ce ne peut être évidemment que si cette conviction s'appuie, non pas sur des impressions ou des souvenirs légendaires de la dernière guerre, mais sur des faits précis et certains accompagnés du récit des circonstances qui leur donnent leur véritable portée, de façon à fermer la bouche aux contradictions intéressées toujours prêtes à surgir.

En dehors même de toute préoccupation du droit et de la justice, n'y a-t-il pas un intérêt particulier à savoir la vérité sur les faits de l'invasion qui peuvent nous faire connaître les habitudes, les procédés, les mœurs et le caractère des Allemands? Connaître son ennemi, n'est pas moins important que se connaître soi-même. Nous avions jadis sur l'Allemagne bien des idées fausses, trop indulgentes ou trop dédaigneuses; aujourd'hui nous risquons peut-être de tomber dans l'excès opposé. Il nous importe, sous peine de porter encore une fois la peine de nos illusions, de nous former, sur son compte, une opinion exacte et, pour cela, de ne négliger aucun moyen de nous instruire. Puisque nous avons eu la triste occasion d'observer la race germanique à notre foyer, il faut en profiter pour rassembler et mûrir nos observations, et régler ensuite, d'après elles, notre conduite, nos craintes et nos espérances.

Voilà quelques-uns des intérêts qui rendent particulièrement importante l'étude consciencieuse et vraie de l'invasion allemande de 1870; ce sont eux qui ont décidé la Société à apporter à ceux qui voudront la faire le contingent d'observations du département de la Sarthe.

Une Commission a été nommée, le 19 janvier 1872 (1), pour diriger l'enquête; par ses soins, une circulaire expliquant le caractère et le but de l'entreprise a été envoyée à tous les juges de paix, maires, curés et instituteurs, ainsi qu'à un certain nombre de personnes notables du département; on demandait à chacun d'envoyer à la Société tous les renseignements qu'il pourrait fournir, en les garantissant scrupuleusement exacts. Les circonstances n'ont pas permis de recueillir

(1) La Commission était composée de MM. Gasté, Chardon, Clouet, Martin et Surmont (Armand), sous la présidence de M. Boisseau, alors président de la Société.

plus de quarante-trois réponses. La plupart d'entre elles, il est vrai, forment des dépositions très-complètes, présentant le plus vif et le plus sérieux intérêt. Mais le nombre des témoignages a une grande importance en pareil cas, et l'on pouvait trouver insuffisants sous ce rapport ceux que l'on avait jusque-là réunis.

C'est alors que M. le Préfet de la Sarthe a mis avec un bienveillant empressement à la disposition de la Commission les dossiers de plusieurs enquêtes faites successivement par le Gouvernement et l'Assemblée nationale dès l'année 1871, pour arriver à connaître les pertes de toute nature subies par les départements envahis. Cette communication nous a été très-utile. Les rapports des maires qui forment la partie principale de ces enquêtes, ne sont pas tous intéressants à notre point de vue; beaucoup se sont bornés à envoyer des états des pertes éprouvées dans leurs communes (1). Mais d'autres, en grand nombre aussi, ont rédigé des relations détaillées et consciencieuses de ce qu'ils avaient vu et constaté. En les joignant aux réponses parvenues à la Société, l'histoire de l'occupation se trouve connue dans plus de la moitié des communes du département.

Tels sont, en y ajoutant les procès-verbaux des séances du Conseil municipal du Mans, les éléments d'information sérieuse et vraie qu'il a été possible de réunir (2).

Chargé par la Commission de dépouiller ces divers documents, et d'en extraire ce qui paraîtrait intéressant, nous avons cru devoir faire autre chose qu'un recueil des faits, plus ou moins volumineux. Il faudrait, en effet, pour qu'un travail

(1) Ce n'est pas toujours faute de renseignements intéressants à communiquer, ainsi que nous avons pu nous en assurer.

(2) Les faits relatifs au Mans sont presque exclusivement empruntés à ces procès-verbaux; quant aux faits qui se sont produits dans les autres communes, nous distinguerons, pour permettre de remonter aux sources, entre le dossier de la Préfecture, et celui de la Société par les lettres *Pr.* et *S.*, en faisant suivre de l'une ou de l'autre chacun des faits que nous rapporterons.

semblable eût quelque valeur, qu'il fût l'histoire à peu près complète de l'occupation dans le département; or il y a trop de communes sur lesquelles nous manquons de renseignements, pour qu'une telle histoire soit possible. Mais si, à cet égard, l'enquête est incomplète, elle n'en renferme pas moins un nombre assez grand de faits pour qu'on puisse en dégager certaines conclusions, à des points de vue divers. L'étude attentive de l'enquête nous en a dicté quelques-unes : c'est autour d'elles que nous avons groupé les faits qui nous avaient frappé, au lieu de les rattacher uniquement à un ordre chronologique ou régional.

Nous nous sommes placé successivement dans deux ordres d'idées bien différents, correspondant aux intérêts que nous signalions tout à l'heure. Nous avons d'abord recherché, au milieu des faits de diverse nature que nous avions recueillis, ceux où la main des chefs se laissait voir, ceux qui mettaient en lumière certains points du système de guerre ou d'occupation pratiqué par les Prussiens, et nous avons essayé de les classer et de les apprécier au point de vue du droit des gens.

Nous avons ensuite cherché dans l'ensemble de l'enquête, en particulier parmi les actes spontanés et individuels, quelles conclusions on pouvait formuler sur le caractère allemand, ses qualités et ses défauts, tels qu'ils avaient pu être observés pendant l'invasion.

PREMIÈRE PARTIE

Observations sur le système prussien.

Notre première préoccupation a dû être, dans cette partie de notre tâche, de n'attribuer au système prussien que ce qui lui appartient réellement, de ne pas voir dans des actes individuels, dus au caractère, à l'humeur des officiers ou des soldats qui en avaient été les auteurs, la preuve de mesures systématiques et générales, ou des calculs et des traditions de l'autorité militaire prussienne. Nous nous sommes efforcé de ne pas confondre des choses si distinctes, et de ne mettre au compte de cette autorité que ce dont elle était réellement responsable. Ce n'est pas dire que nous ayons eu égard seulement à ce dont elle accepte ouvertement la responsabilité ; car il est certaines pratiques que les Prussiens n'aiment pas à avouer et qu'ils présentent volontiers comme des faits accidentels. Il est impossible cependant de s'y méprendre, quand on fait attention aux circonstances dans lesquelles ces faits se sont produits. Les accidents et les irrégularités sont d'ailleurs plus rares que partout ailleurs dans l'armée prussienne dont la discipline est si forte, et où tous les détails de la guerre sont si admirablement prévus et étudiés à l'avance. Une assez grande liberté d'initiative y est laissée, il est vrai, aux officiers ; mais les règles de conduite, pour tous les cas qui se présentent, n'en sont pas moins nettement précisées et presque toujours ponctuellement suivies. Elles l'ont été d'autant mieux dans la dernière guerre, que jamais la défaite n'est venue apporter à l'organisation de nos adversaires le trouble qui la suit toujours.

Après avoir ainsi discerné les actes systématiques des Prussiens, nous avons dû, pour les apprécier et même pour les classer, nous reporter aux enseignements du droit des gens. Les règles qu'il renferme ne sont pas toujours, il est vrai, bien certaines et acceptées de tous. En pourrait-il être autrement? Est-ce autre chose, en effet, à tout prendre, qu'une transaction entre deux principes contraires : les droits de la force brutale légitimée par la guerre, et les exigences toujours sacrées de l'humanité? Comme toute transaction, celle-ci est variable dans ses diverses conditions, suivant les époques et les pays, suivant que les mœurs sont plus violentes ou plus douces, les esprits plus pénétrés de la notion du droit, ou plus portés à sacrifier au culte de la force. Mais au milieu de ces variations et de ces incertitudes, il y a des principes incontestés de nos jours dans l'Europe chrétienne, que pas un homme de guerre n'oserait violer, au moins d'une manière ostensible. Il faut voir quel compte en tient le système prussien. Même dans le domaine des questions qui peuvent encore diviser les esprits, il faut voir si ce système penche vers les solutions de la force ou vers celles de l'humanité, quelles sont ses tendances et à quelles traditions il se rattache. C'est ainsi que nous avons été conduit à nous occuper un peu, dans le cours de ce travail, du droit des gens, au moins sommairement et par rapides aperçus.

Parmi les principes qui s'imposent à tous de nos jours avec le plus de force, il en est un que nous avons besoin de rappeler ici, dès le début, parce que tous les faits de l'enquête s'y rattachent plus ou moins : c'est le principe de la neutralité de la population civile.

Il est lui-même une conséquence logique de cette idée qui domine la civilisation chrétienne : que les effets de la guerre doivent être restreints le plus possible et limités à ce qui est indispensable à son but. C'est cette idée qui a fait proclamer le respect du soldat mis hors de combat, prisonnier ou blessé : de la même manière, elle a fait reconnaître que, les nations modernes ayant adopté l'usage des armées nombreuses et savamment organisées, devant lesquelles les simples habitants ne sont rien, il était juste et humain de limiter à ces armées les droits et les charges des combattants, et de faire une situation à part à la population civile. Autrefois la guerre se faisait de peuple à peuple, prenant forcément un caractère plus sauvage et plus destructeur ; aujourd'hui, c'est une règle que la population envahie doit être considérée comme neutre, c'est-à-dire qu'elle est tenue de s'abstenir de toutes hostilités contre l'ennemi, et qu'elle a droit en retour à son respect, vis-à-vis des personnes et de la propriété privée.

Les Prussiens ont rendu hommage, en paroles, à ce principe.

Le roi Guillaume, en entrant en France, ne disait-il pas dans sa proclamation du 11 août 1870 : « Je fais la guerre aux soldats « et non aux citoyens français. Ceux-ci continueront par con- « séquent à jouir d'une sécurité complète pour leurs personnes « et pour leurs biens, aussi longtemps qu'ils ne me priveront « pas eux-mêmes, par des entreprises hostiles contre les trou- « pes allemandes, du droit de leur accorder ma protection. »

Tenons donc pour reconnu aujourd'hui un principe si juste. Mais n'en exagérons pas la portée : il ne saurait avoir celle d'affranchir la population civile de tous les contre-coups de la guerre. Celle-ci, en effet, a ses conséquences fatales et nécessaires qui semblent quelquefois porter atteinte au principe, mais qui en réalité le confirment.

Et d'abord, il faut bien l'admettre, l'armée envahissante se trouve en réalité substituée au Gouvernement national qui ne peut plus avoir aucune communication avec le territoire envahi. Le droit des gens reconnaît ce pouvoir de fait et assujettit par là les habitants à une partie au moins des obligations qui dérivent des rapports entre gouvernés et gouvernants.

Ce n'est pas tout. Les armées en général, mais surtout les armées modernes, si nombreuses, ont des besoins à l'infini. Les mouvements rapides requis par la stratégie de nos jours, en rendant impossible l'antique système des magasins, les ont multipliés encore. L'armée envahissante, comme l'armée nationale, est donc obligée de réclamer des sacrifice matériels souvent considérables de la population au milieu de laquelle elle se trouve. Le droit de la nécessité en est la base et la limite.

Enfin les lois de la guerre, qu'elles concernent l'armée ou les habitants, ont une sanction, la seule possible sous le règne de la force : c'est le droit de représailles, qui s'ouvre au profit de celui des belligérants contre lequel une violation de ces lois a été commise. Et ce droit, qui n'est autre chose que le droit de punir, ou, si l'on veut, celui de légitime défense, comporte forcément, à raison de l'urgence de toutes les mesures de guerre, une procédure, des moyens de répression sommaires et violents, que l'état de paix ne saurait tolérer. A ce titre encore les habitants, même inoffensifs, sont légalement exposés à cruellement souffrir quelquefois des conséquences de la guerre.

Telles sont, si nous ne nous trompons, les principales règles, ou protectrices ou sévères, faites pour la population civile, ou dont elle peut ressentir les effets, et qui doivent nous guider dans le jugement des pratiques prussiennes.

Nous allons les grouper autour des deux principaux modes d'exercice du pouvoir attribué à l'envahisseur : les réquisitions en nature, et les contributions en argent, d'une part; puis les représailles ou mesures pénales.

I.

Réquisitions et contributions.

Les règles spéciales aux réquisitions en nature comme aux contributions pécuniaires, ont varié avec les principes généraux du droit des gens. Au temps où la population civile n'était point distinguée des belligérants, où tous les biens des sujets étaient réputés appartenir plus ou moins au souverain, il ne faut pas s'étonner de rencontrer les théories suivantes : le vainqueur a le droit de butin et de pillage sur tout ce qui lui convient, en pays conquis ; il en use, à la fois pour se ravitailler, pour exciter ses soldats, et pour forcer indirectement son ennemi à faire la paix devant les désastres qu'une prolongation de la guerre amènerait pour ses sujets. Les progrès de la civilisation et les changements politiques ont peu à peu introduit des adoucissements dans ces doctrines. Mais, au XVIIIe siècle, Vattel approuve encore l'oppression systématique de la population civile, comme moyen de contraindre son adversaire à la paix, et il reconnaît la légitimité du pillage, en enseignant que les contributions de guerre sont la rançon de celui que le général aurait le droit d'ordonner, mais dont il s'abstient parce que les mœurs du temps y répugnent.

Le droit des gens moderne s'est engagé dans une voie entièrement opposée. Ses tendances bien accusées peuvent se résumer dans les maximes suivantes:

Le droit de butin et de pillage n'existe pas. — La propriété privée ne devient pas la propriété de l'ennemi, pas plus qu'elle n'appartient au Gouvernement national. — Le droit de la nécessité seul autorise une armée à frapper le pays de réquisitions en nature ou de contributions (1). — L'oppression et la ruine, pratiquées dans le but de forcer indirectement son ennemi à déposer les armes, sont des moyens de guerre déloyaux, parce que la population civile est neutre, et n'est pas plus à la discrétion de l'envahisseur que ne le sont les combattants devenus prisonniers. — Les sacrifices imposés au pays sont considérés comme des avances faites par lui : le principe d'une indemnité est consacré, qu'elle soit acquittée par l'auteur des réquisitions, ou qu'il mette sa dette au compte de la nation vaincue, dans les conditions de la paix.

Assurément ces maximes ne sont pas toutes admises sans réserve par tout le monde; il y a sur plusieurs points des divergences et des difficultés. Mais on peut dire que la majorité des savants et des publicistes contemporains professent ces doctrines, même en Allemagne (2), quelles que soient les nuances qui les séparent, et qu'un courant irrésistible de la conscience publique pousse de ce côté les hommes d'État et les hommes de guerre.

Voyons maintenant de quelles doctrines s'inspirent les procédés prussiens. Nous allons examiner et apprécier successivement, à ce point de vue, les réquisitions et les contributions levées dans le département.

(1) Le règlement français sur le service des armées en campagne dit que les commandants de troupes pourront en lever « lorsque les besoins de l'armée l'exigent impérieusement. » (Art. 15.)

(2) V. notamment Morin, Pinheiro-Ferreira, Lieber, et même Rolin-Jacquemyns; parmi les auteurs allemands, principalement Bluntschli et Dahn.

I. — RÉQUISITIONS

A quel titre le système prussien entend-il que l'envahisseur peut pratiquer des réquisitions en pays conquis? Est-ce en raison du droit de la nécessité et à charge d'une indemnité, ou en vertu du vieux droit de butin libre de tout frein et de toute règle?

En ce qui concerne spécialement la question d'indemnité, nous ne voyons nulle part, dans la Sarthe, que les Prussiens se soient considérés comme obligés à quelque chose vis-à-vis des communes ou des particuliers réquisitionnés, nulle part, si ce n'est au Mans. Là, au contraire, ils ont mis autant d'affectation à parler de leurs dettes résultant des réquisitions par eux pratiquées, qu'ils ont mis partout ailleurs de sans-façon à proclamer leur droit absolu de tout prendre.

Nous sommes obligé, pour mettre en lumière ce qui s'est passé de significatif à cet égard au Mans, de retracer ici une partie notable de l'histoire de l'occupation dans cette ville. Il s'agit d'ailleurs d'épisodes instructifs à plusieurs points de vue.

Le 12 janvier, jour de l'entrée des Prussiens, la ville est frappée d'une contribution de guerre de quatre millions. En même temps, les habitants sont individuellement dépouillés sous toutes les formes. L'autorité prussienne leur impose la nourriture des soldats logés chez eux; elle laisse piller plusieurs magasins; et enfin elle multiplie les réquisitions officielles, soit qu'elle les fasse directement, soit qu'elle se serve de l'intermédiaire de la municipalité, obligée de donner sa signature. De grandes quantités de denrées alimentaires, entre autres dans les docks du Mans, des fourrages, des objets d'habillement sont particulièrement saisis dans ces circonstances.

Ecrasée par toutes ces charges, la ville est dans l'impossibilité de payer sa contribution. On le sait bien, du reste, du côté de l'ennemi. Aussi, après le versement d'un premier acompte de 500,000 fr. exigés dès la première heure, et payés le 17, les négociations commencent entre la municipalité et les Prussiens. La ville demande, avant de consentir à payer une somme nouvelle quelconque, que la contribution soit réduite, et, en même temps, que toutes les réquisitions soient précomptées sur son montant. L'officier mandataire du prince Frédéric-Charles déclare, dès le 17, après une longue discussion (1) : qu'à partir du jour où la contribution sera payée, il n'y aura plus de réquisitions ; les habitants ne seront plus obligés de nourrir les soldats ; un ordre général prescrira à l'armée de payer tout ce qu'elle prendra, à des prix convenus ; pour le passé, aucune réclamation de la ville pour nourriture ou dégradation ne sera admise, parce que telle est la loi de la guerre ; mais on pourra lui tenir compte des réquisitions de draps et des enlèvements de marchandises faits dans les docks. Quant au chiffre de la contribution, il reste toujours maintenu à quatre millions.

Enfin, après onze jours de négociations et d'anxiétés, la ville apprend, le 23 janvier, que la contribution est réduite à deux millions (2). Une quête est faite alors dans la ville pour se procurer des fonds ; mais le Conseil municipal essaye en même temps de faire réduire encore cette dernière somme. Il demande, d'une part, qu'il soit fait remise de 500,000 francs pour indemniser les habitants qui ont le plus souffert, à raison de pillages ou de dommages divers ; et, d'autre part, que le montant des réquisitions soit défalqué du chiffre définitif de la contribution, suivant les promesses qui ont été

(1) V. deuxième séance du 17 janvier.

(2) Voici la teneur de la dépêche du commandant de place :

... Vu la tenue des habitants de la ville, Son Altesse royale veut bien réduire la somme de la contribution à deux millions, si la ville continue à l'avenir à se montrer vis-à-vis des troupes comme elle a fait jusqu'à présent, et si elle verse les deux millions demain à quatre heures. Si le versement n'était pas complet à l'heure indiquée, la contribution serait maintenue à quatre millions ; et des mesures de rigueur pour en assurer le paiement auraient lieu.

faites (1). Le commandant prussien repousse péremptoirement la première demande, mais il répond à la seconde que l'on pourra en effet prendre en déduction où rembourser le montant des réquisitions qui seront admises par les intendants (2).

Seulement, en attendant que la ville ait fourni un état régulier des réquisitions, sur lequel l'intendance allemande puisse faire son travail, il exige le payement immédiat de un million 500,000 francs.

La ville verse, du 24 au 27 janvier, grâce au produit de la quête, les fonds nécessaires pour compléter, avec le premier acompte fourni dès le début, la somme de 1,250,000 fr. De son côté, le commandant de place, remplissant, sans plus tarder, ses engagements à cet égard, prend un arrêté pour supprimer la charge de la nourriture des soldats par les habitants.

Mais les comptes ne sont pas terminés. La ville, peu soucieuse de poursuivre un règlement qui ne peut être que dangereux, ne se hâte ni de chercher des fonds pour payer le reste de sa dette, ni d'envoyer l'état des réquisitions réclamé le 25. L'autorité prussienne veut bien patienter pour le payement des 250,000 fr. qui doivent compléter les 1,500,000 fr. immédiatement exigibles, parce que la municipalité paraît faire des efforts pour contracter un emprunt extérieur ; mais elle exige, le 31 janvier, qu'on lui fournisse dans les vingt-quatre heures l'état des réquisitions. Cet état, qui monte à près de 800,000 fr., une fois fourni, elle ne s'en occupe plus, et on n'en entend plus parler qu'au 1er mars.

Dès ce moment les Prussiens déplacent, insensiblement mais complétement, le principe mis en avant par la ville d'une défalcation du montant des réquisitions sur celui de la contribution. La ville n'avait jamais eu en vue qu'une diminution réelle de la somme dont son budget devait être définitivement grevé. Au contraire, les Prussiens n'admettent de diminution

(1) V. la note envoyée par le Conseil. — Séance du 23 janvier.
(2) V. séance du 25 janvier.

que pour la somme payable immédiatement entre leurs mains; celle qui est soi-disant défalquée, devient payable aux mains des réquisitionnés, en l'acquit des Prussiens. C'est alors, en effet, qu'on voit apparaître pour la première fois cette idée, que les réquisitionnés, au moins certains d'entre eux, sont devenus en quelque sorte leurs créanciers, pour le montant de la réquisition. Plusieurs bons ou reçus écrits dans les premiers jours de février portent la mention suivante : « Cette somme (le montant de la réquisition) peut être payée sur les 500,000 fr. laissés à la ville du Mans. »

Quelques jours plus tard, la question est encore un peu davantage déplacée. Le 13 février, le commandant de place Melchior écrit au maire une lettre qui commence par la réclamation pressante des 250,000 fr. et qui se termine ainsi : *Quant au reste de la contribution, de* 500,000 *fr., Son Altesse royale m'a chargé de vous informer qu'elle veut remettre cette somme à la ville du Mans comme dédommagement pour les réquisitions d'objets de vêtement de toute espèce faites par l'armée allemande et pour les marchandises saisies dans les docks, à condition que la commune se charge d'indemniser complètement les intéressés. Dans ce cas, il appartiendrait uniquement à la commune de régler l'affaire avec ces derniers, et l'autorité allemande n'aurait plus à s'en occuper.* Ainsi, ce n'est plus, cette fois, par délégation sur les 500,000 fr. que les réquisitionnés devront être payés, comme créanciers des Prussiens; ce n'est plus par conséquent jusqu'à concurrence seulement de cette somme; ce qu'on veut, c'est un engagement direct de la ville vis-à-vis d'eux. En retour, et pour la décider, on accorde la remise définitive des 500,000 fr., parce qu'on a décidément reconnu qu'il est matériellement impossible de lui faire verser plus de 1,500,000 fr. en numéraire, dans les circonstances présentes.

La ville, dont le but naturel est de payer le moins possible et de prendre aussi le moins d'engagements qu'il se pourra, essaye d'atermoyer ; elle objecte que les réquisitions, qu'on veut mettre à charge, peuvent dépasser 500,000 fr., peut-être même 750,000 fr. ; qu'il y a donc lieu d'attendre à en connaître le chiffre exact ; et elle demande à cet effet qu'on lui rende l'état accompagné des pièces justificatives, qu'elle a fourni précédemment, et dont elle n'a pas pu garder de double (1).

Mais une seconde lettre du commandant Melchior coupe court à ces efforts : il lui faut les 250,000 fr. dans les quarante-huit heures, sous peine de « mesures de rigueur. » Quant aux notes et mémoires demandés par la ville, il ne peut les donner, parce que c'est l'intendance qui les a en sa possession (2).

Cette fois, il faut s'exécuter : à l'heure dite, le 18 février, la ville verse un acompte de 50,000 fr. qu'on s'est procuré à grand'peine, et envoie à Bruxelles des mandataires pour emprunter, sur dépôt de titres prêtés par plusieurs habitants, les 200,000 fr. restant encore dus.

A ce moment, le département se voyait doté d'un préfet prussien, et la ville avait à subir de nouvelles exigences que nous retracerons plus loin. Mais les deux contributions, comme deux courants bien distincts, poursuivent leur marche sans se confondre. Pendant que le préfet négocie la sienne, les commandants de place veillent à la liquidation de celle de Frédéric-Charles.

Les délégués partis pour Bruxelles reviennent le 26, avec les fonds de l'emprunt qu'ils y ont négocié. Il importe aux Prussiens de les faire verser immédiatement, avant que la teneur des préliminaires de paix, signés ce jour-là même, ne soit connue de la municipalité et ne lui donne un point d'appui pour refuser de payer.

Aussi le commandant de place, informé, avant la municipalité elle-même, de l'arrivée des délégués, écrit-il, le 27 au

(1 et 2). V. la séance du 16 février.

matin, qu'il lui faut l'argent pour le lendemain à dix heures, « sous peine de mesures de force (1). » La municipalité est donc obligée de verser, le 28 au soir, les 200,000 fr., et un reçu « pour solde » lui est donné cette fois.

La première partie du programme prussien est accomplie : 1,500,000 fr. ont été versés en numéraire dans la caisse de l'armée. Restent les réquisitionnés vis-à-vis desquels la ville ne s'est sans doute pas suffisamment engagée. En conséquence, le 1er mars, le commandant de place écrit la lettre suivante, qu'il faut citer tout entière :

Monsieur le Maire,

Comme les 200,000 fr. restant dus sur la contribution pénale imposée à la ville ont été versés hier, il ne me reste plus qu'à vous demander que, conformément à la condition sous laquelle Son Altesse royale le prince Frédéric-Charles a voulu remettre à la ville les 500,000 fr., vous déclariez, au nom de la ville, que cette dernière se charge d'indemniser les intéressés pour les réquisitions d'objets de vêtement faites au Mans par l'armée allemande et pour les marchandises saisies dans les docks, ET DÉCHARGE A CET ÉGARD L'AUTORITÉ ALLEMANDE EN PRENANT SUR ELLE DE DÉFENDRE CETTE AUTORITÉ CONTRE TOUTE DEMANDE DE DÉDOMMAGEMENT AYANT RAPPORT A CES RÉQUISITIONS. *En vous priant de bien vouloir me faire parvenir une telle déclaration, je me permets de vous faire observer que, si la ville ne voulait pas donner cette déclaration, je devrais exiger d'elle le payement des 500,000 fr. J'ai l'honneur de vous transmettre ci-après une note (A) avec deux annexes contenant les demandes que l'intendant de l'armée a examinées et reconnu devoir être réglées par la ville selon cet engagement (2). En vous*

(1) Séance du 27 février.

(2) Le total des réquisitions mises ainsi à la charge de la ville s'élève à 502,799 francs.

invitant à faire droit à ces demandes, je crois que l'autorité municipale, en règlant l'affaire avec les intéressés, n'est pas empêchée de faire des objections contre la hauteur des prix demandés pour les objets réquisitionnés, DE MÊME QUE D'ADMETTRE D'AUTRES DEMANDES. *Mais je ne puis pas admettre les réserves que vous faites dans votre lettre du 27 février dernier, en demandant que, pour le cas où les indemnités provenant des réquisitions dépasseraient 500,000 fr., il vous soit restitué de la contribution versée par la ville ce qui excèderait cette somme de 500,000 fr. Une telle réserve ne serait pas conforme à l'engagement à prendre par la ville. Je joins en même temps à cette lettre deux autres notes (B et C) concernant des objets de nourriture d'hommes et de chevaux, qui, d'après l'avis de l'intendance, tombent en tous cas à la charge de la ville. Recevez, etc.*

Pour le Commandant de place,

HELWIG.

Cette lettre était assez significative. Mais les Prussiens se bornèrent à l'écrire et ne donnèrent pas suite à leurs menaces. Le 9 mars d'ailleurs, leurs dernières troupes évacuaient la ville, qui se trouvait enfin délivrée de la pression subie depuis si longtemps.

Avaient-ils réussi dans leurs manœuvres? Avaient-ils assuré aux réquisitionnés le payement par la ville de leurs créances? C'est là une question qui a soulevé plusieurs débats judiciaires et qui est complétement en dehors de notre sujet. Mais ce qui ressort bien clairement de ces épisodes de l'occupation, c'est qu'au Mans les Prussiens ont mis un soin particulier à répudier une partie du vieux droit de butin, et à se rapprocher des idées modernes. Ils ne se considèrent pas comme n'ayant que des droits, sans aucune sorte d'obligations, dans aucun cas ; et ils affectent de parler des réclamations légales auxquelles certaines réquisitions les exposent. Seulement, ainsi que nous le disions plus haut, c'est dans la seule ville du Mans qu'ils ont eu cette attitude ; partout ailleurs, on leur en voit une absolument opposée.

Il en coûte peu cependant de reconnaître ses dettes quand on peut les acquitter aussi facilement. Le procédé prussien, aussi simple qu'ingénieux, se résume en effet en ceci : commencer par prendre en nature à peu près tout ce qui peut être pris ; proclamer sa dette à raison de ces réquisitions ; puis les mettre immédiatement à la charge d'un tiers ; mais après avoir eu soin au préalable de dépouiller ce tiers de tout l'argent qu'il possède. De cette façon, les sommes qu'on le charge de payer en son acquit sont bien, en apparence, défalquées de ce qu'on prétend avoir le droit de lui demander ; mais, en réalité, ce règlement en compte ne diminue point le chiffre des espèces sonnantes qu'il était possible de toucher dans la circonstance.

C'est, il faut le dire en passant, exactement ce que devait faire quelque temps plus tard, sur une plus grande échelle, le prince de Bismark, à Francfort. Les plénipotentiaires français présentant l'état des pertes diverses subies par les particuliers pendant la guerre, afin de faire diminuer d'autant la somme de cinq milliards, les plénipotentiaires allemands se sont gardés de décliner le principe d'une responsabilité pécuniaire de l'Allemagne à raison de ces dommages causés par ses armées ; mais ils ont déclaré que M. de Bismark, ayant abandonné un milliard sur le chiffre de six milliards tout d'abord exigés, s'était, *par cette concession*, affranchi de toutes les réclamations que pouvait soulever l'occupation (1).

On a vu que, si les Prussiens avaient admis, au Mans, le principe d'une dette contractée par eux pour certaines réquisitions, ils ne l'ont pas admis pour toutes sans distinction. Ils ont toujours, au contraire, spécifié les catégories auxquelles il

(1) V. le rapport de M. Passy à l'Assemblée nationale. (*Journal officiel* des 2 et 3 avril 1873.)

était applicable et, en dernier lieu, ils ont produit ces «notes» où figurent les réclamations admises par leurs intendants, et celles qu'ils ont rejetées. Quelle est la base des distinctions faites par ceux-ci?

On pourrait penser au premier abord, d'après plusieurs passages des négociations, que la distinction est faite entre les denrées alimentaires et les autres, les premières ne donnant droit à aucune indemnité. Mais, quand on examine les notes en question, on trouve difficilement la règle qui a pu présider aux distinctions de l'intendance. On reconnaît, il est vrai, que tout ce qui a un caractère de réquisition irrégulière, de fait de pillage, est rejeté (1); mais on voit figurer dans la note des réquisitions admises, à la fois des denrées alimentaires et des objets d'habillement, ce qui a été pris chez les marchands de détail aussi bien que ce qui a été enlevé des grands magasins des docks.

En réalité, l'intendance allemande n'a évidemment que deux préoccupations lorsqu'il s'agit d'admettre ou de rejeter certaines réquisitions. La première, c'est de fournir un titre de créance à ceux des réquisitionnés qui n'en ont pas de suffisants, suivant eux. Ceux qui ont sur leurs pièces justificatives une signature de la municipalité seront vraisemblablement payés par elle (2); mais ceux qui ne possèdent qu'une signature prussienne ne le seront peut-être pas : il faut donc leur donner un titre. Aussi l'intendance commence-t-elle par placer dans la série des réclamations pour lesquelles un engagement spécial est demandé à la ville, toutes les réquisitions importantes, à l'occasion desquelles il n'y a pas eu de signature municipale, qu'elles aient eu ou non pour objet des denrées alimentaires.

(1) Il paraît qu'à Orléans les pertes résultant du pillage ont été admises, dans une très-faible mesure il est vrai, en défalcation de la contribution imposée à la ville.

(2) Elle l'avait déclaré dans les pourparlers avec les Prussiens (Voir séance du 26 Janvier).

L'autre préoccupation de l'intendance, c'est de ne pas appliquer sans limites cette règle d'appréciation, et de ne pas arriver à un total qui dépasse de beaucoup les 500,000 fr. La ville y trouverait occasion en effet de réclamer contre la fixation à 1,500,000 fr. de la somme à payer directement aux Prussiens. Aussi le total ne s'élève-t-il qu'à 502,799 fr. Mais s'il y a quelque réquisitionné d'oublié, il aura encore chance, peut-être, de se faire payer, en se prévalant de l'engagement plus ou moins général que le commandant de place veut faire contracter par la ville. De cette façon, celui-ci pourra dire, sans doute, qu'il a assuré le payement de tout ce que les armées allemandes ont pris au Mans, puisque tel est le but qu'il paraît avoir tant à cœur.

Si la note du 1er mars paraît inspirée, dans ses distinctions, par des considérations d'un ordre particulier, il n'en est pas moins vrai que le système prussien distingue nettement, au point de vue des rapports légaux de l'envahisseur avec le réquisitionné, deux catégories de réquisitions.

Dans l'une sont celles qui ont pour objet la nourriture des hommes et des chevaux ; dans l'autre, toutes celles qui n'ont pas ce caractère.

C'est pour ces dernières seulement que le réquisitionné peut quelquefois être considéré comme ayant droit à une indemnité. Quant aux premières, il doit y satisfaire sans pouvoir jamais rien réclamer. La nourriture des troupes d'occupation dans une commune est, en effet, suivant le système prussien, une charge naturelle, une dette véritable, dont l'acquittement, par conséquent, ne peut créer aucun droit vis-à-vis de l'auteur de la réquisition. C'est bien la doctrine qui se fait jour dans les négociations que nous venons de retracer, notamment dans les pourparlers du 17 janvier et à la fin de la dépêche du 1er mars.

Mais le système prussien va plus loin : puisque la nourriture des troupes d'occupation est une dette des communes, il s'ensuit logiquement que, si elle n'est pas acquittée, l'envahisseur reste leur créancier, quelle que soit la raison du non-acquittement de la dette, lors même que c'est l'absence des provisions nécessaires chez les habitants. En d'autres termes, non-seulement le réquisitionné n'a droit à aucune indemnité pour ce qu'il a fourni, mais on peut lui en réclamer une, à raison de ce qu'il n'a pas fourni, ne le possédant pas. C'est ce qui est arrivé dans la Sarthe.

Le département, épuisé par le séjour des armées françaises, avait, lors de l'arrivée des Prussiens, ses approvisionnements très-réduits. Sur beaucoup de points, on eut même des craintes de famine (1), lorsque l'invasion, multipliant ses réquisitions, eut, en peu de jours, vidé les greniers et accaparé les réserves. Les Prussiens, dans ces circonstances, n'entendent pas que le pays se soustraie à sa dette.

A *Marçon*, par exemple, où les habitants n'avaient pas fourni le pain, le riz et le café aux troupes d'occupation, le colonel qui les commande signifie tout d'un coup, le 28 février, à la mairie, que la commune doit payer la valeur de ces denrées fournies par l'intendance prussienne, soit 900 fr. par jour depuis le commencement de l'occupation. (*Pr.*)

Le manque d'avoine, très-général dans le pays, à ce moment, est l'occasion d'une mesure d'ensemble contre les communes qui n'ont pas pu en fournir une quantité suffisante pour la cavalerie. L'administration prussienne dresse, à la fin de l'occupation, dans les premiers jours de mars, un tableau des communes en défaut, avec l'indication des sommes auxquelles chacune est imposée, pour représenter les quantités d'avoine non fournies, le tout calculé par francs et centimes (2). Nous pouvons citer parmi les communes ainsi imposées *Sargé* (S.).

(1) Au Mans, les préoccupations de la municipalité furent très-vives à cet égard. Il y avait en ce moment des approvisionnements en Beauce. Les Prussiens organisèrent alors des trains spéciaux pour permettre à la municipalité d'y envoyer chercher ce dont les habitants et l'armée prussienne avaient besoin.

(2) Ce tableau a été vu par M. le Maire de *Sargé*. (S.)

Saint-Pierre-de-Chevillé (1), *Noyen* (S.), *Vivoin* (Pr.), *La Suze* (Pr.). Il faut dire que le plus souvent les chefs de détachement préposés au recouvrement de ces créances, soit parce que leurs instructions ne sont pas rigoureuses, soit parce que le temps leur manque, l'heure de l'évacuation ayant sonné, finissent par abandonner leurs réclamations. La prétention de l'autorité prussienne n'en est pas moins bien caractéristique.

Nous sommes loin, on le voit, des idées modernes, qui donnent pour base et pour limite aux réquisitions le droit de la nécessité, supposant avant tout que le pays envahi possède toutes les ressources qui manquent à l'envahisseur.

Nous sommes loin aussi des paroles officielles prussiennes, de celles que prononçait par exemple le prince royal de Prusse au mois d'août 1870 (proclamation aux habitants de Reims) : « Je ne prétends pour l'entretien de l'armée qu'au surplus des « provisions qui ne sont pas nécessaires à la population « française (2). »

Ce qui s'est passé dans la Sarthe est, du reste, conforme aux instructions générales prussiennes. Nous en trouvons la preuve dans un règlement de l'intendance, daté du 8 août 1870 et dont on a trouvé un exemplaire à *Mamers* (S.), après le départ de l'ennemi. Ce règlement indique les espèces et les quantités de denrées alimentaires qui forment la ration quotidienne des hommes et des chevaux et que le pays est obligé de fournir ; on y lit ensuite la mention suivante : « Pour arran- « gement concernant le rachat en argent ou en équivalents des « rations ci-dessus : la ration est évaluée à 2 fr.

« *Cet impôt sera payable pour les provisions ou vivres* « *venant de Prusse.* »

Par application, sans doute, de ce tarif, mais sous une autre forme, les Prussiens essayèrent un jour de se faire donner par

(1) Le 4 mars, le maire de Saint-Pierre et un conseiller municipal ont été enlevés comme otages pour assurer le payement des 602 francs 25 centimes auxquels la commune avait été imposée dans la circonstance. (*Pr.*)

(2) V. le livre de M. le général Ambert.

tout le département une somme d'argent, en échange de la nourriture des troupes dont ils auraient alors dispensé les habitants. C'était dans les premiers jours de février : ils cherchèrent à convoquer le Conseil général, depuis longtemps brisé, pour lui faire voter la somme en question, calculée à raison de 0 fr. 26 cent. par jour et par habitant. Cette tentative devait nécessairement échouer et échoua en effet.

Nous nous sommes suffisamment étendu sur les rapports juridiques existant entre l'ennemi et les réquisitionnés, suivant les théories des Prussiens. Il faut maintenant examiner, dans les pratiques diverses auxquelles il donne naissance, l'exercice du droit de réquisition, entre leurs mains.

Quelle est au juste l'étendue des pouvoirs de l'envahisseur, à cet égard ? C'est ce qu'on ne peut dire d'une façon précise sur tous les points ; car il y en a sur lesquels tout le monde n'est pas d'accord. Mais ce qu'on peut remarquer, c'est que les solutions prussiennes, dans les cas sujets à controverses, sont toujours au préjudice de l'habitant.

Bien des personnes, par exemple, contestent à l'envahisseur le droit de réquisitionner, en outre des objets matériels susceptibles de mainmise, les services personnels des habitants, pour tous les besoins de l'armée : c'est là en effet une des formes les plus dures que puisse revêtir l'oppression. Les Prussiens n'ont jamais reculé devant des mesures semblables. Ainsi, l'histoire de la guerre nous les montre faisant travailler les paysans alsaciens aux batteries de siége devant Strasbourg. Dans la Sarthe, nous n'avons pas de faits semblables à enregistrer; car l'occasion ne s'en est pas offerte. Mais le même esprit qui a inspiré des actes infiniment plus graves dans d'autres départements, se fait jour bien souvent dans le nôtre, non-seulement à propos des réquisitions de voituriers et de guides, qui rentrent davantage dans les usages de la guerre, mais dans les circonstances les plus variées. En entrant au Mans, par exemple, on voit les Prussiens requérir la mairie de leur fournir, sous peine d'une amende de cinquante mille francs, trois employés du télégraphe. — La forme la plus caractéristique sous laquelle les prestations personnelles ont été requises, vient d'un système de défense qui avait été adopté dans la Sarthe, celui des tranchées ouvertes de tous côtés sur les routes. Elles ont dû partout être comblées par les habitants, en donnant lieu à des sévérités et à des désordres très-grands (1). Ce qu'il faut noter en même temps, c'est que les Prussiens qui requièrent ainsi, pour leurs opérations stratégiques, les services personnels des habitants, semblent ne pas admettre que ceux-ci aient pu légitimement obéir aux autorités françaises en creusant ces tranchées; un rapport de *Mamers* (S.) constate en effet que les agents voyers et cantonniers qui avaient concouru à leur exécution ont été recherchés comme des criminels, et qu'on s'est vengé sur leurs maisons de ce qu'ils avaient fait, sur réquisition française.

Parmi les objets matériels, on peut encore se demander si tout peut être réquisitionné, absolument sans limites. Les Prussiens, eux, n'en admettent pas. Ils réquisitionnent non-seulement le nécessaire, mais tout ce qui leur plaît, tout ce qui les flatte. Voitures et chevaux de luxe pour les promenades des officiers, champagne pour leurs dîners, etc., tout est réquisitionné dans les mêmes formes et sous les mêmes contraintes. Ainsi la ville du Mans est menacée un jour d'une contribution de cinquante mille francs, si l'on ne trouve pas dans les vingt-quatre heures une voiture à deux chevaux.

Le service de table de Frédéric-Charles pendant son séjour dans la ville est réglé de la façon suivante. Son aide de camp, comte Kanitz, envoie le 14 janvier au maire la note de ce qui

(1) Signalons surtout ce fait à peu près général : pendant que les paysans étaient occupés à ces travaux, qu'on accélérait à coups de plat de sabre, leurs maisons étaient pillées de la cave au grenier, comme maisons abandonnées.

doit être chaque jour fourni par la ville à la table du prince et de son état-major. Cette note, qui entre dans tous les détails, porte au chapitre des vins : quarante bouteilles de bordeaux, quarante bouteilles de champagne, six bouteilles de madère et trois bouteilles de liqueurs. L'aide de camp termine sa note ainsi : *Je suis chargé, M. le Maire, de vous indiquer que chaque fois où la moindre des choses mentionnées manquera, la ville sera punie d'une amende remarquable.* Le chapitre du champagne, capital pour les Allemands, fut, à dater de ce jour, une des préoccupations de la municipalité. On n'en trouvait plus dans la ville, et cependant le comte Kanitz était toujours là, menaçant des amendes les plus « remarquables » si le compte des quarante bouteilles n'était pas complet chaque jour. Des épisodes semblables, en ce qui concerne principalement la fourniture des vins, sont fréquents dans l'histoire de l'occupation.

En admettant même que le vainqueur ait le droit illimité de réquisition, sous toutes les formes, il est évident que c'est un devoir pour lui d'apporter dans l'exercice de son droit toute la modération et toute l'humanité que permettent les circonstances. Ce devoir, il est souvent difficile de dire que les Prussiens en aient eu conscience. L'enquête nous les montre en maint endroit exerçant leurs réquisitions sans aucune pitié. Celles qui sont adressées aux municipalités, par conséquent par les officiers, sont accompagnées de violences aussi souvent que les autres. Il est peu de maires qui n'aient été menacés et maltraités d'une manière plus ou moins odieuse, sous le prétexte que les réquisitions n'étaient pas fournies assez vite, souvent même avant tout retard, au moment où on leur intimait pour la première fois l'ordre de les fournir. Nous ne citerons pas ici de faits particuliers; c'est à toute l'enquête qu'il faut se reporter. Quant à la charge du logement des troupes, une des plus pénibles pour la population, elle a été souvent particulièrement vexatoire. Sans doute, les nécessités de la stratégie ou de la discipline doivent être consultées par un général plutôt que les convenances des habitants, lorsqu'il s'agit de répartir l'armée entre les différentes maisons d'une commune. Mais peut-on excuser ce qui s'est passé au Mans, par exemple.

Les Prussiens, en y entrant le 12 janvier, s'étaient logés un peu partout ; mais les quartiers pauvres étaient particulièrement accablés ; chaque maison y regorgeait de soldats, chassant souvent de leurs lits femmes et enfants, achevant de ruinerpar leur présence des familles déjà inscrites au bureau de charité. — La municipalité, justement émue, réclame, dès le premier jour, auprès de l'autorité militaire, demandant que l'on suive les usages adoptés dans la ville pour la distribution des billets de logement, et surtout que les indigents soient exemptés de toute charge à cet égard. Tant que durent les opérations actives de la guerre, il est impossible de faire un reproche aux Prussiens de ne pas tenir compte de ces réclamations. Cependant, dès le 17 janvier (1), ils reconnaissent qu'il n'existe pas de raisons d'ordre militaire pour maintenir l'abus. Enfin, le 25, le commandant de place déclare, par son arrêté relatif à la nourriture des troupes, que le système municipal des billets de logement (exemptant notamment la 6e classe, les indigents), sera désormais exactement suivi. — En même temps, *il demande au Conseil municipal de nommer une Commission pour recevoir les réclamations relatives au logement des troupes, promettant d'avoir toujours égard à ses observations* (2). Ce sont là des paroles officielles ; en fait, la Commission, aussitôt nommée, rencontre, de la part des autorités prussiennes, la plus mauvaise volonté. Impossible d'obtenir l'application du système des billets de logement. La Commission, voulant au moins faire cesser les abus les plus criants, visite les quartiers pauvres, et fait connaître les maisons dont les habitants sont dans une situation vraiment intolérable. Qu'arrive-t-il ? Le lendemain du jour où

(1) V. séance du 17 janvier.
(2) V. séance du 26 janvier.

des maisons sont ainsi signalées, les hommes sont changés, *mais on y envoie un nombre double de nouveaux soldats.* Et cela se passe, au moment où commence l'armistice, dans les quartiers que les soldats, s'ils eussent été libres, eussent fui évidemment, puisqu'ils n'y trouvaient aucune des ressources des quartiers plus riches. Devant une mauvaise volonté si clairement manifestée, la Commission est obligée, le 31 janvier, de donner sa démission; elle ne pouvait plus servir, en continuant à fonctionner, qu'à endosser la responsabilité des procédés prussiens (1). C'est seulement longtemps après que l'ordre est enfin établi par l'autorité militaire.

En résumé, on peut dire que les Prussiens n'admettent pas de limites au droit de réquisition et qu'ils en usent souvent, sans ces ménagements que les convenances, sinon un devoir absolu, commandent de garder quelquefois.

Mais il faut examiner encore leurs procédés à un autre point de vue.

Le droit conféré à une armée envahissante de prendre en pays occupé ce qui lui est nécessaire, confine de près à l'ancien droit de butin et de pillage, lequel est désormais absolument condamné; elle est glissante, du moins, la pente qui mène de l'un à l'autre. C'est pour cela que le droit des gens d'abord, mais aussi les règlements militaires de toutes les nations contiennent des prescriptions sévères et précises, destinées à empêcher ce qui est un droit nécessaire de devenir le plus coupable des abus.

En principe, le droit de réquisition, au besoin de mainmise sur les objets nécessaires aux troupes, n'appartient qu'à celui qui les commande. Il peut déléguer ses pouvoirs à ceux qui sont sous ses ordres, mais d'une manière officielle et

(1) Était-ce là le but de la conduite inexplicable en apparence de l'autorité prussienne ? Ce ne serait pas la seule circonstance où l'on ait eu lieu de soupçonner qu'elle ne demandait pas mieux que d'exciter le prolétariat contre les classes dirigeantes et contre l'autorité française.

expresse. — Tout militaire qui, sans en avoir reçu le pouvoir de ses chefs, prend quelque chose à un habitant, commet un acte de pillage ou de maraude puni par tous les codes militaires. — Tout chef qui permet à ses soldats, d'une manière plus ou moins générale, expressément ou tacitement, de se livrer à des actes semblables, mérite voir son nom flétri. — Il ne suffit pas que la réquisition soit régulière au fond ; il faut aussi qu'elle porte avec elle le signe et la preuve de sa régularité, pour que le réquisitionné sache si ceux qui veulent lui prendre son bien sont des maraudeurs qu'il a le droit de repousser, ou des représentants de l'autorité militaire à qui il est obligé d'obéir. Il faut enfin qu'après la réquisition terminée, il lui soit délivré une pièce officielle justificative quelconque, qui lui permette de se faire indemniser plus tard par qui de droit.

Sans doute, l'urgence de certaines réquisitions, en temps de guerre, ne permet pas toujours d'observer ces prescriptions ; sans doute aussi, dans une armée nombreuse, alors que l'attention des chefs est absorbée par les nécessités de la lutte, et la surveillance rendue singulièrement plus difficile qu'en temps de paix, les actes de pillage et de maraude ne peuvent pas toujours être connus et réprimés. Il faut s'attendre évidemment à une certaine dose de désordres de toute nature, dans les rangs d'une armée en campagne. Mais il n'en est pas moins certain que les prescriptions que nous venons de résumer, doivent être sacrées pour l'autorité militaire, qu'elle doit faire, pour empêcher le mal, tout ce qu'elle peut et tout ce qui est compatible avec les nécessités de la guerre.

Quels sont les désordres dont on a pu avoir à se plaindre dans la Sarthe? L'autorité prussienne a-t-elle fait son devoir? Voilà ce qu'il faut maintenant demander à l'enquête.

Les témoins de l'enquête ne paraissent pas bien d'accord au premier abord. Tandis que les uns nous dépeignent le pillage et tous les désordres comme ayant été chez eux à l'ordre du jour, les autres déclarent n'avoir pas lieu de se plaindre bien vivement.

En réalité, les différences de conduite des troupes prussiennes dans les différentes localités ne sont pas si sensibles. Il est très-vrai que les villes ont été beaucoup mieux traitées que les communes rurales ; mais si l'on examine de près les rapports qui concernent celles-ci, en s'attachant aux faits dont ils témoignent et non aux appréciations, qui varient suivant le caractère des observateurs, on ne tarde pas à reconnaître que les choses se sont passées partout à peu près de la même manière. — Parlons d'abord de l'époque qui a précédé l'armistice. On peut résumer en quelques traits ce qui se passe presque invariablement lors de l'occupation d'un bourg par un détachement allemand.

Tantôt les logements ont été marqués d'avance par l'avant-garde, tantôt les soldats paraissent se loger eux-mêmes et quelque peu en désordre, en arrivant dans la commune. Dans un cas comme dans l'autre, cette première occupation des maisons est signalée par les mêmes excès. Suivant les instructions prussiennes, que légitiment dans ces premiers moments les nécessités de la guerre, les soldats ne sont pas nourris par l'intendance ; ils doivent trouver leur nourriture dans la maison où ils logent. En réalité, ils s'en établissent les maîtres. Ils prennent tout ce qui leur tombe sous la main, quand ils ne se font pas donner par la menace et la violence tout ce qui leur plaît. Souvent, sous le prétexte de rechercher les armes cachées, ou bien sans prétexte, ils se font ouvrir toutes les portes, surtout celles des caves, tous les meubles, à moins qu'ils ne les forcent eux-mêmes ; et alors le vin, les vêtements, le linge, principalement, mais aussi à l'occasion les bijoux, l'argent, tout ce qui est bon à prendre est enlevé. Pendant ce temps les provisions et les fourrages sont gaspillés ; malgré le dénuement du pays, on ne se contente pas de prendre le nécessaire, on prend le double ; hommes et chevaux sont souvent malades de leurs rations démesurées.

Le premier moment est toujours le plus dur : le soldat

allemand n'est pas mauvais au fond, et, quand on sait bien le prendre, on arrête généralement le désordre. D'ailleurs la première journée est ordinairement si bien employée, qu'il ne reste plus grand'chose de tentant à prendre. Néanmoins, jusqu'à l'armistice au moins, les rapines, les vols, le gaspillage, et principalement la recherche active des cachettes — cause d'une foule de destructions, — continuent dans une certaine mesure.

Pendant que tout est à la discrétion du soldat chez l'habitant, l'autorité prussienne n'en multiplie pas moins ses réquisitions. Elles sont nécessaires, il faut le reconnaître ; car l'alimentation du corps d'occupation ne peut pas être complétement fournie par les habitants de la partie agglomérée de la commune,qui seuls ont des soldats à loger. Celles de ces réquisitions qui sont adressées aux municipalités sont en général régulières. Mais il n'en est pas de même de celles qui pèsent sur les particuliers. Voici comment se font ces dernières. Des bandes de soldats, composées souvent de quelques hommes seulement, ne paraissant pas toujours commandées, parcourent de tous côtés les campagnes; ils pénètrent dans les greniers, dans les étables, dans les basses-cours, prennent à discrétion grains et fourrages, bétail et volailles, puis disparaissent. D'explications, ils n'en donnent pas; de reçus, il n'en est pas question la moitié du temps. Parmi ceux qui sont délivrés, il en est un grand nombre qui ne sont que des bouts de papier sur lesquels un soldat, fidèle à une certaine tradition assez répandue, a écrit au crayon une grossièreté ou une obscénité allemande, sans un mot relatif à la réquisition. Que le paysan essaye de s'opposer à l'enlèvement de tout son bien, qu'il demande seulement un reçu régulier, ou qu'il cherche, en désespoir de cause, uniquement à se rendre compte de ce qui lui est pris, au poids ou à la mesure : il est toujours repoussé avec violence.

Pendant l'armistice, les choses se passent incontestablement avec plus d'ordre. La plupart des municipalités concluent, à cette époque, avec les troupes d'occupation des arrangements, par lesquels les communes se chargent de fournir l'ordinaire du soldat, exemptant l'habitant de la nourriture des hommes logés chez lui et supprimant ainsi une partie des prétextes aux exigences soldatesques ordinaires. Souvent, l'autorité prussienne continue à se réserver en même temps le droit de faire les réquisitions qui lui conviennent. Dans ce cas, elles ne sont pas faites beaucoup plus régulièrement qu'avant l'armistice. Le plus ordinairement, cependant, la municipalité, se chargeant de tout, obtient la suppression des réquisitions directes sur les habitants. Mais alors se produit un désordre que nous trouvons signalé dans un grand nombre de rapports. Des communes limitrophes ont conclu séparément avec les détachements cantonnés dans chacune d'elles des conventions, qui enlèvent à ceux-ci le droit de réquisition. Chaque détachement respecte alors le territoire de sa commune, mais il s'empresse d'aller sur celui des communes voisines. Plusieurs fois par semaine, des bandes de cavaliers, traînant avec eux des chariots, vont ainsi, loin des villages, fouiller la campagne, dévalisant les fermes, suivant le système habituel. De cette façon, chaque commune est à peu près aussi réquisitionnée qu'elle peut l'être ; seulement c'est toujours par les troupes cantonnées chez ses voisines, de façon que les officiers peuvent dire à leurs maires : « ce n'est pas notre faute ; nous ne pouvons répondre des troupes que nous ne commandons pas. » Le procédé est commode ; aussi a-t-il été pratiqué assez souvent pendant l'armistice.

Nous venons de résumer, le plus fidèlement que nous avons pu, les principaux traits des désordres que l'occupation a fait naître. Il s'en faut de beaucoup, assurément, que tous les bourgs aient été traités de même, ou toutes les maisons d'un même bourg. Mais nous croyons qu'en général, et à prendre la moyenne de ce qui s'est passé, la conduite des armées allemandes a été à peu près telle que nous venons de la décrire ; c'est-à-dire, pour en retenir les points les plus saillants, qu'il y a eu pillage plus ou moins étendu, au moins des objets de consommation et d'habillement, lors de la première occupation de chaque localité, avant l'armistice, — et que, en tous temps, les réquisitions faites sur particuliers ont été dépourvues des garanties protectrices exigées par le droit des gens.

Il peut être intéressant, après les déclarations des témoins de l'enquête, de consulter quelques chiffres. Des états officiels ont été, comme on le sait, dressés avec soin, pour constater les pertes de toute nature causées par l'armée allemande. Les commissions cantonales d'abord, les commissions départementales ensuite, ont contrôlé et revisé les éléments fournis par les municipalités, et le travail définitif de chaque département a été adopté par l'Assemblée nationale. Les chiffres des diverses pertes, autres que ceux des contributions, y sont divisés en trois colonnes. La première comprend : les réquisitions « justifiées », c'est-à-dire tout à la fois celles que les Prussiens ont faites sur les particuliers, en leur laissant des bons ou des reçus à peu près réguliers, et celles que les municipalités ont faites, sur l'ordre et pour le compte de l'ennemi. La seconde comprend les dépenses de nourriture et de logement des corps d'occupation (calculées à raison de 1 fr. 40 par jour pour les soldats et de 2 f. 15 pour les chevaux). La troisième enfin renferme les dommages de diverse nature, c'est-à-dire principalement les réquisitions irrégulières, les vols, pillages, etc. Or voici quels sont les chiffres des trois colonnes pour le département de la Sarthe, à la date du 2 mars (1) :

Réquisitions justifiées...........	2,284,929 f.	95
Dépenses de logement et nourriture des troupes................	2,024,199	72
Dommages divers..............	10,897,339	99

(1) Les chiffres ont été arrêtés au 2 mars parce que les dommages survenus entre ce jour (date de la ratification des préliminaires) et celui de l'évacuation (10 mars), ont fait l'objet de négociations particulières à Francfort. Ils montent à 331,907 fr.

On voit que ce dernier chiffre est énorme. La proportion entre la première et la troisième colonne se trouve être presque de *un à cinq*, alors cependant que la première s'applique pour partie à des réquisitions dont la régularité provient du fait de l'autorité française. C'est là, du reste, une moyenne : nous avons relevé sur les tableaux statistiques des proportions bien plus frappantes encore entre les deux colonnes ; il y a des communes où elle est de *un à trente*.

Il faut nous hâter de dire qu'il est nécessaire de faire subir une certaine réduction aux chiffres de la troisième colonne, avant d'en tirer un argument au point de vue qui nous occupe. Et d'abord, il faut admettre, malgré les différents contrôles auxquels ils ont été soumis, certaines exagérations dans les chiffres de détail qui les composent, quoiqu'elles soient peut-être compensées, au moins en partie, par les pertes qu'un certain nombre d'ayants droit n'ont pas déclarées. Ensuite, la division par colonnes distinctes n'a pas été possible pour quelques cantons, faute de renseignements suffisants dans les états des municipalités ; or, dans ces cas, rares du reste, c'est dans la troisième colonne que tout a été inscrit. Enfin, il ne faut pas oublier qu'elle est réservée non-seulement aux pertes résultant de réquisitions irrégulières, de vols ou de pillages, mais aux dommages divers, par conséquent à ceux qui ont pu résulter, soit de faits de guerre proprement dits, soit des incendies involontaires dont les soldats allemands, par leur habitude de se chauffer avec excès et sans précautions, ont été trop souvent la cause. Or ce sont là des éléments de dommages d'une nature bien différente de ceux qui nous occupent.

Nous ne croyons pas, néanmoins, que les chiffres de la troisième colonne doivent subir une réduction bien considérable pour représenter réellement les dommages résultant des actes irréguliers ou des désordres des armées allemandes. Voici, en effet, ce qu'on peut constater, en analysant de plus près les tableaux officiels. En se reportant d'abord à la division des chiffres par cantons, on trouve que ceux qui n'ont jamais été le théâtre d'aucune lutte, comme la plupart de ceux qui sont situés dans le sud-ouest du département, présentent, aussi bien que les autres, des disproportions frappantes entre la première et la troisième colonne (1). Ce ne sont donc pas les faits de guerre qui grossissent beaucoup celle-ci, dans les autres cantons. Mais on peut pousser ses recherches plus loin. En effet, si les tableaux dont nous avons parlé jusqu'ici ne distinguent pas entre les différents dommages inscrits dans cette colonne, les questionnaires envoyés par l'Assemblée nationale aux municipalités et remplis par elles contiennent ces distinctions. En les consultant, on peut savoir s'il y a eu ou non dans telle commune des causes de dommages extraordinaires, comme des incendies, etc. C'est ce que nous avons fait pour plusieurs communes, et nous avons constaté que, là où il n'y avait eu certainement ni fait de guerre, ni incendies, là où la division des chiffres par colonnes avait été soigneusement faite, où, en un mot, aucun élément ne grossissait indûment la troisième, celle-ci présentait le plus souvent, là comme partout, un total trop significatif (2).

Il nous semble, en résumé, que les chiffres s'accordent

(1) Dans le canton de Malicorne, les chiffres sont : l'un de 23,412 fr., l'autre de 11,540 fr. Dans celui de Sablé, l'un de 6,663 fr., l'autre de 148, 722 fr.

(2) Voici, par exemple, quelques chiffres, dans une région qui ne connut jamais qu'une occupation paisible, après le départ des Français :

		Réquisitions justifiées.	Dommages divers.
Malicorne..........	Occupation à partir du 17 janvier par 600 hommes	9.076 fr.	23.861 fr.
Ligron	Occupation les 24 et 25 janvier, puis en février, par 100 hommes.	1.212	2.404
Lavernat...........	Troupes de passage en février et mars.	647	5.050
Saicé	Passages de troupes en février.	998	2 209
Verneil-le-Chétif...	Occupation pendant 2 jours les 2 et 3 février.	»	1.936

bien avec les déclarations des témoins de l'enquête. Ils constatent, à n'en pas douter, que les réquisitions régulières prussiennes ne représentent qu'une très-faible part des pertes résultant de l'occupation ; que la plus grande partie de ces pertes provient d'actes irréguliers, de pillages ou de vols plus ou moins caractérisés.

Les faits et les chiffres étant connus, l'unique question maintenant est celle de savoir si l'autorité prussienne est responsable de tout ou partie des désordres qu'ils révèlent, ou s'il ne s'agit pas au contraire de ces excès inévitables qu'il faut toujours s'attendre à rencontrer en temps de guerre.

Pour nous, nous croyons fermement que l'autorité prussienne n'a pas fait son devoir et qu'elle est responsable en grande partie de ce qui s'est passé. Nous nous rappelons en effet l'excellente organisation de l'armée prussienne, bien encadrée, fortement disciplinée, l'ascendant considérable des officiers sur leurs hommes, et nous ne pouvons croire qu'ils n'eussent pu soit arrêter leurs excès, soit régulariser les réquisitions, même pendant la période de guerre active. Il faut remarquer, en effet, que l'armée prussienne, sans cesse victorieuse, n'a pas connu le désarroi que jette la défaite dans les rangs d'une armée quelconque, et qui trouble la meilleure organisation.

Admettons cependant que, pendant la durée des hostilités actives, on puisse accepter pour les désordres qui se produisent, l'excuse tirée de l'accumulation des troupes sur un même point et des nécessités de la lutte qui absorbent l'attention de l'autorité. Mais cet état est bien loin d'avoir duré jusqu'à l'armistice. Il ne se prolonge pas, dans la Sarthe, au delà du 15 janvier, jour des derniers combats, à la suite desquels l'armée française évacue définitivement le département. Trois jours plus tard (après le combat de Saint-Mélaine du 18 janvier), on peut dire qu'il y a une suspension d'armes de fait. Les Allemands laissent les Français se fortifier derrière la Mayenne et reviennent sur leurs pas. L'enquête nous les montre, à la date du 20 janvier, prenant leurs cantonnements comme en temps d'armistice. Jusque-là, les bourgs situés sur les routes du théâtre de la lutte avaient été seuls envahis ; maintenant ce sont toutes les communes qui reçoivent leurs hôtes forcés, dans la proportion de leur population. Ce ne sont plus des corps de plusieurs milliers d'hommes qui viennent s'abattre pour vingt-quatre heures dans une localité, avant ou après un combat ; ce sont des bataillons ou des escadrons isolés, 8 ou 900 hommes au maximum, qui viennent tranquillement prendre possession pour plusieurs jours, pour une semaine quelquefois, de leurs cantonnements. Dans ces circonstances bien établies par l'enquête, il est évidemment impossible que la discipline allemande reçoive une atteinte des événements, que les officiers ne soient pas maîtres de leurs hommes et responsables par conséquent de ce qui se passe. Or les rapports ne signalent à peu près aucune différence entre les désordres de cette période et ceux de la précédente. Comme les détachements sont cette fois beaucoup moins nombreux, la somme des dommages est moins considérable, mais, à cette époque comme à l'autre, ce sont les mêmes désordres plus ou moins accentués, dans les premiers moments qui suivent l'arrivée de chaque corps d'occupation.

En ce qui concerne les réquisitions irrégulières, nous avons déjà vu qu'elles avaient eu à peu près toujours le même caractère, même pendant l'armistice. Ainsi, en admettant que, pendant les hostilités, le temps manquât pour l'accomplissement des formalités que la justice exige, l'excuse n'a pas duré longtemps.

Ces faits sont assez significatifs : mais l'attitude et le langage des officiers prussiens devant ces désordres le sont davantage encore. Dans les villes, ils les répriment incontestablement. Il semble, en effet, que les Prussiens aient tenu à ne pas se montrer sous un jour défavorable dans les centres plus populeux, dont l'opinion a un certain écho dans l'opinion publique tout entière. Mais dans les campagnes, les choses se passent d'une manière bien différente. Nous avons relevé dans l'enquête une dizaine seulement environ d'exemples de répression. Evidemment, il y en a eu un plus grand nombre, que certains rapports ont négligé de mentionner, ou qui n'ont peut-être même pas été observés. Il n'en est pas moins certain qu'il y a eu une rareté extrême de punitions dans les communes rurales, où tant de déprédations se produisaient pourtant. L'enquête nous montre les soldats comme à peu près libres de faire ce qu'ils veulent à cet égard. S'il est vrai que l'exception confirme la règle, c'est bien le cas dans la circonstance ; car lorsque des actes de répression sont exceptionnellement signalés dans une commune, on constate en même temps que les désordres ne s'y produisent pas. C'est la preuve la plus sensible que, s'ils ont été si prononcés et si persistants ailleurs, la faute en est à l'autorité militaire qui n'a pas voulu user de son pouvoir.

Est-ce de sa part négligence ou mauvaise volonté? La première explication est inadmissible : les officiers prussiens ont fait assez preuve de vigilance et d'activité dans toutes les branches de l'art militaire, particulièrement en ce qui concerne les détails de discipline, pour qu'on puisse admettre qu'ils n'aient pas parfaitement connu les désordres qui se passaient sous leurs yeux. La mauvaise volonté est donc évidente. Beaucoup d'officiers d'ailleurs ne s'en cachent pas. A chaque instant les rapports constatent, qu'aux plaintes douloureuses des habitants, à celles du maire qui se fait leur organe, le chef du détachement répond en ricanant ou par des injures. Quelquefois la haine perce dans sa réponse; on l'entend rappeler le mal que Napoléon Ier a fait à son pays et déclarer que l'Allemagne ne fait que rendre la pareille à la France (1). Mais le plus souvent il répond gravement et simplement par ces mots : « C'est la guerre. » Il semble, à l'entendre, que

(1) V. Rapports de Tresson, Saint-Gervais-de-Vic, Saint-Remy-de-Sillé, etc. (*Pr.*)

tout ce qui se passe soit l'exercice d'un droit que l'ignorance seule des Français les empêche de connaître. Il est visible, en tous cas, qu'il ne demande pas mieux que de fermer les yeux, et d'accorder un peu « de bon temps » à ses hommes, en laissant molester et dépouiller les habitants.

En résumé, il nous semble impossible de ne pas reconnaître que l'autorité prussienne a gravement manqué aux devoirs qui incombent aux chefs d'une armée, tenus de respecter et de faire respecter toujours la propriété privée, autant que les circonstances le permettent. Elle est certainement responsable d'une partie au moins des désordres qui y ont porté atteinte, sous une forme ou sous une autre, qu'il s'agisse de faits de pillage, de maraude ou de réquisitions irrégulières, parce que, sans laisser paraître ostensiblement son action, sans se compromettre, elle a volontairement refusé de faire ce qu'elle pouvait pour les empêcher.

Mais ce n'est pas toujours par son inaction coupable que cette autorité est responsable des atteintes portées à la propriété privée. Il y a des cas où nous la voyons en effet ordonner ou sanctionner formellement le pillage.

C'est, d'abord, à titre de mesure pénale vis-à-vis des communes contre lesquelles il y a des griefs réels ou imaginaires. Trop de fois à ce titre, le pillage a été ordonné sous des prétextes absolument iniques, ainsi que nous le verrons plus tard. — Le plus souvent, les officiers se bornent à en faire la menace, pour obtenir ce qu'ils veulent. Sans cesse ils ont le mot à la bouche : c'est la monnaie courante de leurs moyens de persuasion, qu'il s'agisse de faire combler une tranchée, d'obtenir de l'avoine ou de se procurer une voiture. Il est facile de voir, en un mot, que le pillage est un moyen de guerre des plus usuels dans les traditions de l'art militaire prussien.

Quelquefois enfin, les officiers ne craignent pas d'intervenir dans certains cas où le pillage, n'ayant pas le caractère général d'une mesure pénale, ne peut trahir autre chose que des convoitises personnelles. Nous voulons parler du pillage, ou, si l'on veut, du déménagement en forme des maisons abandonnées par leurs propriétaires. Ces maisons ont eu pendant toute la guerre un sort particulier, celui d'être, à peu près sans exception, complétement et ostensiblement dévalisées, là même où les autres soldats se montraient convenables chez les autres habitants. Les maisons même gardées par des domestiques, ont souvent partagé ce sort. Moins encore que dans les autres circonstances, on ne voit les officiers chercher à empêcher ce désordre. Mais surtout, on les voit, eux qui évitent avec soin de se commettre dans les déprédations ordinaires des soldats, diriger ou autoriser de temps en temps l'exploitation de ces maisons. Ce sont surtout les châteaux situés dans la campagne, et richement meublés, qui sont ainsi dévalisés : malgré la présence de personnes de confiance, ils le sont, en plein armistice, au grand jour, avec l'intervention des chefs.

En voici quelques exemples :

Le 25 janvier, à *Pirmil* (Pr.), le château de Chenerru est pillé par onze cavaliers sous la conduite d'un officier.

Le 6 février, à *Fillé-Guécélard* (S.), pillage du château du Gros-Chenay. Un sous-lieutenant vient de Roëzé avec une trentaine d'hommes et deux chariots. Le pillage dure quatre heures et le butin est entassé dans les chariots. Il est vrai que le sous-lieutenant s'est muni d'une justification : Le garde, prétend-il, a menacé la veille ses hommes avec une fourche !

Le 20 janvier, les généraux Baumback et de Stolberg, qui avaient frappé les habitants de Sillé par leur politesse, couchent avec leur état-major au château de Viviers en Charnie. Le lendemain il n'y avait plus rien : tout avait été dévalisé. (*S.* n° 33.)

La commune de *Saint-Célerin-le-Géré* (S.) est occupée du 25 février au 5 mars par deux cent cinquante fantassins et soixante cavaliers. Le 4 mars, les habitants ayant refusé de satisfaire aux réquisitions, ainsi que la ratification des préliminaires de paix leur en donne le droit, le château de Boisdoublet est pillé en règle : le butin est chargé sur des voitures ; ce qu'on ne peut emporter est détruit, les glaces sont brisées, les meubles déchirés. La complicité des officiers, pour n'être pas expressément mentionnée dans le rapport qui nous est parvenu, n'en est pas moins évidente.

On voit que les officiers prussiens, ordinairement si soigneux de sauver les apparences, ne craignent pas, en ce qui concerne les maisons inhabitées, qu'on les accuse soit d'en permettre, soit d'en organiser le pillage. Est-ce donc que, suivant le droit des gens particulier à la Prusse, ces maisons n'ont pas droit au respect que la propriété privée est fondée, au moins en théorie, à réclamer? La science d'outre-Rhin professerait-elle par hasard des arguments comme ceux-ci : « La population civile doit s'abstenir de tout acte d'hostilité ; « or quitter son pays, c'est faire le vide autour de l'envahis- « seur : songez un peu à ce qu'il deviendrait, si tous les habi- « tants fuyaient ainsi, emportant toutes leurs ressources avec « eux. Quitter sa maison, c'est donc un acte de sourde hostilité, « et le pillage est dès lors un acte légitime de représailles. » Nous trompons-nous ? Nous sommes persuadé qu'il y a au fond des théories prussiennes quelque chose d'un ordre d'idées semblable, et que c'est là l'explication de l'attitude particulière de l'autorité militaire vis-à vis des maisons inhabitées.

C'est sans doute une théorie analogue qu'elle professe aussi pour justifier le vol des nombreux objets cachés par les habitants, quand la cachette, ardemment recherchée, est découverte. Le rapport de *Tassé* (S.) nous apprend, en effet, que les officiers y déclaraient ouvertement qu'il n'y avait rien à dire aux soldats auteurs de ces vols ; que c'était « un droit » pour l'armée de prendre ce qu'elle trouvait ainsi.

Le droit des gens moderne incline visiblement, sur ce point comme sur bien d'autres, vers une manière de voir différente des maximes d'autrefois. Même en Allemagne, l'opinion éclairée n'admet plus cette forme antique d'oppression qu'on appelait « le tribut ». En dehors des amendes, qui font justement partie du code pénal de la guerre, on n'admet plus les réquisitions d'argent qu'à deux titres distincts et suivant des règles bien déterminées. On reconnaît, d'une part, à l'envahisseur, en raison de sa souveraineté temporaire, le droit de percevoir, à la place du gouvernement national, et de la même manière que lui, les impôts établis dans le pays, proportionnellement à la durée de son occupation. On lui reconnaît, en outre, le droit de frapper des contributions de guerre, mais uniquement comme conséquence du droit de faire vivre l'armée, c'est-à-dire que ces contributions doivent remplacer les réquisitions en nature, l'intendance achetant dès lors avec l'argent recueilli ce que sa caisse ne lui permettait pas jusque-là de payer (1). Encore une fois, ce ne sont là, si l'on veut, que des tendances de l'opinion, mais elles sont très-prononcées et très-générales.

Voyons maintenant quelles sont les maximes et les pratiques prussiennes.

Si nous nous attachions aux qualifications données par eux à leurs différentes réquisitions d'argent, il faudrait dire qu'il en a été fait sous trois formes différentes. Quelquefois c'est l'acquittement en numéraire de la dette du pays pour la nourriture de l'armée, lorsqu'il n'a pas pu l'acquitter en nature, suivant ce que nous avons vu plus haut ; mais il n'a été demandé à ce titre que des sommes sans importance. La presque totalité des réquisitions d'argent revêt, soit la forme de la contribution dite pénale, soit celle de la contribution de guerre sans

(1) V. Morin, Bluntschli, Rolin-Jacquemyns.

épithète. Quant au mot d'impôt, il n'a pas été prononcé dans la Sarthe.

Mais ces qualifications ne correspondent pas à des différences réelles dans les contributions, et le gouvernement français, quand il s'est agi de dédommagements ou de remboursements aux communes qui les avaient payées, a dû les confondre toutes ensemble et les mettre sur la même ligne. On ne peut pas dire notamment qu'il y ait eu des contributions pénales véritables dans la Sarthe. A part quelques amendes insignifiantes exigées au cours de l'armistice, à l'occasion de certains actes isolés et paraissant réellement punissables, les contributions revêtues de cette qualification ne l'ont méritée à aucun degré, rien ne s'étant passé que l'ennemi eût le droit d'incriminer. Nous verrons plus loin, au chapitre des mesures pénales, plusieurs exemples de l'inanité des griefs invoqués en pareil cas.

Il ne faut donc pas s'attacher aux distinctions des Prussiens. En réalité, toutes leurs contributions ont le même fondement et le même caractère : ceux que reconnaît formellement de temps en temps l'autorité militaire, quand elle n'a pas de motif pour les dissimuler.

L'enquête nous a en effet conservé, sur ce point, des paroles significatives. Voici, par exemple, celles que prononce M. d'Arnim, envoyé par le prince Frédéric-Charles pour négocier avec la ville du Mans, à la date du 15 janvier (1). « Le prince, « dit-il, ne veut pas accorder d'audience au maire, parce « qu'il ne veut admettre aucune réduction de la contribution; « *ce n'est pas pour frapper la ville particulièrement; mais* « *pour exécuter un système adopté par l'autorité allemande* « *et qui a pour but d'épuiser toutes les villes occupées et de* « *les mettre dans l'impossibilité absolue de subvenir aux frais* « *de la guerre.* »

Les chefs subalternes tiennent le même langage :

(1) V. séance du 16 janvier.

Le maire de Courcelles (Pr.) écrit dans son rapport :

« Les chefs allemands nous ont toujours dit que les réqui-
« sitions en argent et en nature n'avaient pas pour but seu-
« lement la nourriture, mais surtout de forcer les populations
« à se révolter contre le gouvernement de la défense nationale,
« pour amener celui-ci à faire la paix. »

A Auvers-sous-Montfaucon (*Pr.*), même langage tenu par le colonel du 12e dragons.

A Saint-Remy-de-Sillé (*Pr.*), le 28 janvier, le colonel du 6e lanciers déclare, en levant une contribution de guerre, « qu'il « n'a aucun sujet de plainte contre la commune, mais qu'il « agit sur un ordre général de son gouvernement, qui entend « faire contribuer les communes, parce qu'elles concourent « à la prolongation de la guerre en fournissant au gouverne- « ment de la défense nationale des hommes et de l'argent. »

Ces aveux non dissimulés, ces déclarations officielles, peut-on même dire, montrent clairement les véritables intentions qui président aux contributions prussiennes, la base sur laquelle elles s'appuient. C'est celle de l'ancien droit considérant la population civile comme taillable à merci, et admettant l'oppression du pays comme moyen de guerre. Seulement comme, malgré tout, l'énoncé de semblables théories choque cette opinion publique qui se permet de raisonner sur la guerre, les officiers prussiens préfèrent le plus souvent ne donner aucune explication de la contribution qu'ils imposent. D'autres font mieux : ils prétextent un grief plus ou moins imaginaire pour appeler pénale la contribution que la commune est destinée à subir dans tous les cas. Il leur semble que cette manière de présenter leurs exigences est plus acceptable ; elle a aussi l'avantage de pouvoir faire prendre le change sur une mesure fiscale ou oppressive, en lui donnant l'apparence d'un acte de légitime défense. Telle est évidemment l'explication de l'emploi du mot « pénal » pour certaines contributions.

Il va sans dire, avec les principes prussiens que nous venons de voir apparaître, en matière de contributions de guerre, que jamais elles ne sont considérées comme un équivalent des réquisitions en nature, destiné à les remplacer. Nulle part celles-ci ne sont même diminuées par l'imposition d'une contribution. Le Mans est la seule commune, à notre connaissance, où l'on constate une exception à cette règle (1). Le 25 janvier, en effet, ainsi que nous l'avons vu, après le versement de 1,250,000 fr., l'autorité prussienne renonce à y faire des réquisitions sans les payer et exonère les habitants de la nourriture des troupes. Il est vrai que cette exception est payée singulièrement cher par la ville. Ajoutons qu'elle est plus apparente que réelle. En fait la grande majorité des habitants se trouve contrainte de continuer à nourrir les soldats. Ceux-ci n'apportent en effet que des moitiés ou des quarts de ration, et s'arrangent pour qu'on leur donne, plus ou moins de bon gré, ce qu'ils avaient avant l'arrêté du commandant de place, c'est-à-dire le nécessaire et souvent au delà (2).

Pour être ainsi appliqué, cet arrêté n'en est pas moins contraire aux principes prussiens. Les circonstances ont conduit l'autorité militaire à en faire la promesse *verbale* au cours des négociations; c'était un des moyens d'agir sur le conseil municipal, en lui faisant entrevoir une compensation au payement de la somme énorme demandée à la ville. Mais, plus tard, à la fin de février, le préfet prussien a grand soin de déclarer que l'exemption de la charge de la nourriture n'a jamais fait l'objet d'une promesse et d'un engagement de la part de l'autorité militaire ; et que si le commandant de place

(1) A Noyen, cependant, il paraît qu'il y a eu aussi exemption de la charge de la nourriture pendant un certain temps, à l'époque de l'armistice, en considération de la contribution qui avait été payée.

(2) Voir dans l'enquête (S, n° 41) un exemple des manœuvres employées en cas de résistance de l'habitant. C'est un sergent-major qui déclare que si on lui refuse certaines provisions pour lui et ses hommes, il n'aura rien à dire, parce que c'est le droit du propriétaire de les refuser ; mais que le lendemain celui-ci recevra double garnison.

qui était en fonctions à cette époque a jugé à propos de l'accorder, elle peut être retirée par son successeur, quand bon semblera (1). La prétention des Prussiens est, en effet, à ce moment, de faire racheter par toutes les communes du département la charge de la nourriture.

Le caractère général des contributions de guerre prussiennes nous est connu maintenant. Mais il convient, pour s'en faire une idée complète, d'examiner de plus près comment elles sont pratiquées. Il y a lieu, dès lors, de classer et d'étudier séparément : d'une part, les contributions locales frappées par des chefs de corps avant l'armistice, et par extension, dans les premiers jours qui l'ont suivi ; d'autre part, une contribution générale levée administrativement, pendant l'armistice, par le préfet prussien, sur tout le département.

Contributions locales

Les circonstances dans lesquelles les communes sont imposées, jusqu'au commencement de février, sont assez variées ; mais les procédés mis en usage sont toujours les mêmes. Tantôt la contribution est levée pendant les opérations militaires actives, au moment où l'armée allemande, marchant à l'attaque du Mans, ou poursuivant l'armée française en retraite, traverse les communes : c'est alors qu'on cherche à la faire passer pour pénale. Tantôt au contraire, comme dans le sud-ouest du département par exemple, elle est levée par des détachements qui prennent paisiblement possession d'un territoire complétement évacué depuis plusieurs jours. Ici, c'est un officier général, à la tête d'une division, qui l'impose et la négocie ; là c'est un commandant ; souvent c'est un simple capitaine ou lieutenant, à la tête d'un faible déta-

(1) V. longue lettre du préfet Drygalski, du 25 février. (Séance du 26.)

chement de cavalerie. Mais quelles que soient les circonstances, quelle que soit la qualité du représentant de l'autorité prussienne, les choses se passent de la même façon, à peu près partout.

L'officier, soit dès son arrivée, soit après avoir séjourné quelques jours dans le pays, fait venir le maire devant lui et lui signifie que la commune doit verser entre ses mains une certaine somme. — Quelquefois, il donne les motifs de cette imposition, alléguant, avec une colère feinte, le droit de représailles ou plus franchement le droit d'oppression ; mais le plus souvent il se contente de parler d'un ton bref et arrogant, sans donner d'explication. La somme demandée est exorbitante; elle est fixée d'après un tarif, toujours le même, qui a été établi par l'état-major dès le commencement de la campagne, paraît-il : 50 francs par tête pour les villes, 25 francs pour les campagnes. — Le délai pour la payer est de vingt-quatre heures au plus, souvent moins. Une fois, le détachement chargé de lever la contribution arrive à 11 heures du soir dans le bourg, et exige le payement dans la nuit. — Toutes ces exigences sont accompagnées de menaces, toujours les mêmes: le pillage, l'incendie, l'enlèvement comme otages du maire, du curé et des notables, si tout n'est pas payé à l'heure dite. — Le maire veut représenter la situation précaire de la commune déjà épuisée, l'impossibilité de payer une somme aussi considérable: on lui ferme la porte au nez. — Mais le Prussien sait bien que la commune est en effet hors d'état de payer même la moitié de ce qu'il a demandé. Et alors commencent les négociations entre lui, qui cherche à avoir le plus d'argent possible, et elle qui se défend de son mieux. — Trop souvent des mesures de rigueur, principalement sous la forme d'otages enlevés, sont prises contre les récalcitrants. — Enfin quand l'intimidation a produit tout ce que l'on pouvait en attendre, quand l'administration et le conseil municipal, suffisamment effrayés, se sont assez remués, ont assez quêté pour qu'il y ait lieu de penser qu'il n'y a pas moyen d'avoir davantage, le Prussien se décide à accepter la somme qu'on lui offre, ordinairement le tiers ou le quart, quelquefois le dixième seulement de ce qu'il a demandé ; et il donne un reçu « pour solde ».

Le tableau que nous venons de tracer donne assez exactement, croyons-nous, l'idée de ce qui se passe généralement lors de la perception des contributions de guerre dans les trois premières semaines de l'occupation, jusqu'au commencement de février. Mais nous croyons bon de mentionner aussi, à titre d'exemples, quelques épisodes pris çà et là dans le département, afin de mieux faire voir et juger les pratiques prussiennes.

Comme exemple de pillage ordonné pour aiguillonner une commune trop peu donnante, nous citerons celui de *Vallon*. (Pr.) Pendant trois jours, du 20 au 23 janvier, le chef prussien y autorise ouvertement ses soldats à prendre ce qu'ils veulent dans les maisons, jusqu'à ce que la commune, qui avait fait un premier versement dont il n'était pas satisfait, ait réuni 14,000 fr. sur les 35,000 fr. auxquels il l'avait imposée.

A *Pruillé-le-Chétif* (Pr.), une contribution de 15,000 francs est imposée à la commune, le 22 janvier. Celle-ci ne pouvant y satisfaire, et le maire étant absent, les Prussiens mettent la main sur plusieurs habitants qui seront des otages. Obligés de partir au même moment pour aller dans un autre cantonnement, ils laissent derrière eux un sergent-major avec quelques hommes, pour faire des perquisitions dans les maisons, et y prendre de vive force quelque argent. Ceux-ci s'acquittent de leur mission en conscience : ils fouillent tous les meubles, cherchent dans tous les matelas; un malade est jeté hors de son lit, une femme est obligée de quitter ses bas, pour que les perquisitions soient complètes. Ils récoltent ainsi 981 francs. — Pendant ce temps, les otages sont emmenés par le détachement et ne sont relâchés que quatre jours après, grâce à l'entremise de quelques personnes du Mans. Ce qui est caractéristique, c'est que les Prussiens jugent à propos, à ce moment, de déclarer que les mesures de rigueur prises contre la commune de Pruillé, l'ont été à raison de coups de fusil tirés et de faux renseignements donnés par les habitants : accusation absolument sans fondement et dont il n'avait pas été dit un seul mot jusque-là.

Le 31 janvier, le bourg de *Crosmières* (Pr.) est envahi, à 8 heures du matin, par un détachement de cinquante dragons bleus venant du Bailleul. Le capitaine exige une contribution de 27,500 francs (à raison de 25 fr. par habitant), payable le jour même avant 11 heures. Le conseil municipal, appelé en délibérer, en présence de l'officier allemand, se refuse à tout payement. Celui-ci fait alors saisir par son escorte le conseiller municipal qui a le plus énergiquement exprimé son opinion et le fait conduire au Bailleul, devant l'officier supérieur qui y commande ; mais tous les autres membres du conseil suivent spontanément leur collègue. Au Bailleul, nouvelle scène. A défaut des 27,500 francs, on demande que la commune donne au moins quelque chose, ce qu'elle peut donner : refus persévérant du conseil municipal. L'adjoint et deux conseillers sont alors emmenés comme otages à Malicorne, où réside un général allemand. Là, on les laisse injurier et maltraiter pendant plusieurs heures par les soldats du poste où ils sont enfermés. L'aide de camp du général vient ensuite chercher à traiter avec eux pour 12,000 fr. Les otages restant inébranlables, on se décide enfin à les relâcher à 6 heures du soir. — Pendant ce temps-là, le commandant du Bailleul continuait de son côté ses efforts vis-à-vis du reste du conseil municipal : il négociait, lui, pour 5,000 francs; mais il n'obtenait pas plus que son général.

Grâce à l'énergie de ses représentants, la commune de Crosmières ne payait rien aux Prussiens ; mais elle n'en eût pas été quitte à si bon compte, sans une circonstance particulière dont nous allons parler tout à l'heure : l'ennemi était en effet, à ce moment même, obligé de l'évacuer par les conditions de l'armistice.

Si l'on veut un exemple de la facilité avec laquelle les officiers prussiens savent trouver des prétextes pour appeler pénales leurs contributions, on n'a qu'à interroger le rapport sur *le Lude.* (S.) Le 30 janvier, un colonel de cavalerie y arrive avec un détachement. Dès son arrivée, il entre en fureur et déclare que la ville mérite un châtiment, parce qu'elle s'est défendue : elle a dressé des barricades pour s'opposer à l'entrée de ses troupes ! Or ces barricades ne sont autre chose que deux voitures qui, se trouvant fortuitement l'une près de l'autre à ce moment dans la rue, ont un instant retardé le défilé de l'escadron. Le Lude n'en allait pas moins sans doute être obligé de payer une contribution « pénale », fixée à raison de 50 fr. par tête, sans l'arrivée soudaine d'un officier français, chargé de dénoncer l'armistice, et qui mettait fin aux exigences de l'ingénieux colonel.

La contribution imposée à la ville du Mans n'a pas été, ainsi que nous l'avons vu, accompagnée des procédés plus ou moins violents qui ont été mis en usage partout ailleurs. Dans tout le cours des négociations, les Prussiens ne négligent point les menaces, mais ils affectent en même temps de la politesse dans les formules. En revanche, on remarque un déploiement plus grand qu'ailleurs de manœuvres et d'insinuations.

Nous n'avons pas pu, dans la relation que nous avons faite plus haut, mentionner tous les épisodes curieux, à ce point de vue, des négociations de cette époque. Il faut lire tous les procès-verbaux des séances du conseil municipal pour bien se rendre compte du jeu des Prussiens. Il faut surtout se reporter aux dates des 17 et 18 janvier, et voir tous les efforts faits pour décider la municipalité à s'engager le plus possible vis-à-vis d'eux. Ils ne veulent, à ce moment, entendre parler d'aucune réduction du chiffre de quatre millions : qui sait, en effet, s'il n'y a pas moyen d'obtenir de la ville plus que les deux millions auxquels on doit rabattre plus tard ses prétentions ? C'est alors que l'officier négociateur, pour tirer le conseil municipal de l'embarras de trouver le numéraire suffisant chez les habitants, veut bien proposer un règlement de la dette en lettres de change, signées du maire, des conseillers municipaux, des notables (1), et immédiatement négociables. « Nous avons des banquiers, dit-il, qui, avec ces lettres de change, trouveront dans des banques anglaises ou françaises les fonds que vous ne pouvez pas trouver dans la ville. » Le lendemain, nouveau choix de propositions : des emprunts faits par les commerçants du Mans à des commerçants étrangers, facilités par l'entremise prussienne, des emprunts sur hypothèque, etc. Ce qu'il faut noter, c'est que jamais l'officier ne consent à formuler par écrit ses conditions : *scripta manent*. C'est devant la ferme attitude du conseil municipal refusant, malgré les menaces, de rien faire pour réunir des fonds, tant qu'il n'y aura pas réduction de la contribution, que les Prussiens sont obligés, après onze jours, de la réduire à deux millions.

Les exemples et les faits particuliers que nous venons de citer montrent bien, à travers la diversité des circonstances, les traditions prussiennes. Ce qui nous frappe le plus peut-être, en dehors de toute préoccupation relative au droit des gens, c'est ce procédé de marchandage éternellement employé sous toutes les formes; cette manière de fixer la contribution à un chiffre qu'on sait trois ou quatre fois supérieur aux ressources de la commune, de façon à pouvoir présenter la fixation ultérieure à un chiffre moindre comme une gracieuseté, et à obtenir, dans tous les cas, le maximum de rendement dont la localité est susceptible. Sur ce dernier point, la Prusse nous permettra une réflexion faite au point de vue purement fiscal et commercial où elle se place. Est-elle sûre que le meilleur moyen de faire bien ses affaires, à la guerre comme ailleurs, soit de marchander? L'enquête semblerait prouver le contraire. Plusieurs communes, en effet, après avoir quêté et

(1) A cette époque, les plus imposés et les notables de la ville étaient en effet réunis au conseil municipal.

recueilli des sommes minimes, relativement au chiffre fixé de la contribution, se sont avisées de ne pas même les offrir tout entières à l'ennemi, et, connaissant ses habitudes, en ont mis de côté certaines fractions, attendant le résultat définitif de ses marchandages. Or, ces fractions, nous pouvons le dire maintenant, elles les ont généralement sauvées.

On pourrait croire, étant connues les doctrines des Prussiens en matière de contributions, ainsi que leurs habitudes méthodiques, que presque toutes les communes du département ont dû payer des contributions. Il n'en est rien : cinquante-quatre communes seulement y ont été contraintes, à l'époque dont nous parlons. Le total des sommes payées s'élève, outre les 1,500,000 fr. fournis par Le Mans, à 320,191 fr. C'est plus tard seulement, qu'une mesure générale devait être prise contre le département tout entier. On est frappé aussi, en consultant les tableaux officiels, de voir qu'aucune règle ne paraît avoir présidé à la détermination des communes qui devaient être imposées. Certains cantons ont été particulièrement atteints; d'autres ont été favorisés. Par exemple, le canton de Loué compte huit communes qui ont payé, à titre de contributions, un total de 95,967 fr. et, à côté, celui de Conlie est épargné. Même différence entre le canton de Saint-Paterne (cinq communes ayant payé 15,036 fr.) et les cantons limitrophes de Mamers et La Fresnaye qui n'ont rien payé. Même différence encore entre ceux de Saint-Calais et du Grand-Lucé. La répartition entre les différentes communes d'un même canton est aussi inégale. Ainsi Teillé est imposé et Ballon ne l'est pas ; même remarque pour Connerré comparé à Montfort; Courgains à Marolles ; Courcelles à Malicorne, etc.

On ne sait trop comment expliquer ces inégalités qui ne tiennent compte ni de la richesse ou de la pauvreté des communes , ni de leur population plus ou moins nombreuse. On se demande à quoi attribuer le triste privilége de certains cantons et de certaines communes. En effet ce n'est pas que ces cantons ou ces communes se soient montrés plus récalcitrants ou plus hostiles, puisque la plupart de ces contributions ont été infligées ou sans motifs, ou avec cette observation de la part de l'ennemi, que la commune n'avait pas donné de sujets de plainte. Ce n'est pas non plus que les communes imposées aient eu moins d'autres charges à supporter, et que la contribution ait été comme une soulte destinée à égaliser le lot de misère de chaque commune ; car en jetant les yeux sur les tableaux statistiques, on voit que plusieurs communes ont eu à supporter à la fois une lourde imposition et les réquisitions en nature les plus étendues.

Faut-il donc se rallier aux soupçons qui se sont élevés dans l'esprit d'un grand nombre de personnes, et douter avec elles que l'argent recueilli sous forme de contributions, au moins dans les petites communes, soit entré dans la caisse de l'armée allemande? Faut-il dire, comme elles, que, si les contributions avaient été partout régulièrement levées pour le compte de cette caisse, la répartition des sommes à percevoir aurait été faite méthodiquement entre certaines communes, suivant une règle déterminée, et que le désordre qui a régné à cet égard est la preuve des concussions d'un certain nombre d'officiers. On doit reconnaître que ces soupçons paraissent confirmés par plusieurs circonstances. Il y a lieu de s'étonner en effet de voir certaines contributions frappées par de simples lieutenants. Leur départ quelquefois précipité, après avoir recueilli une somme quelconque, paraît aussi suspect. Les marchandages incessants dont nous avons parlé, ont paru enfin à plusieurs personnes peu compatibles avec des contributions sérieuses, destinées à être inscrites dans la comptabilité de l'armée.

Toutes ces observations sont bien de nature à faire naître les soupçons. Nous croyons néanmoins qu'ils ne sont pas fondés. Il est en effet une circonstance qui nous a frappé : c'est qu'aucune commune n'a été rançonnée deux fois, cas qui n'eût pas manqué de se présenter si les contributions avaient été faites, en dehors des ordres hiérarchiques, par des officiers disposés à voler pour leur compte personnel.

Pour nous, nous croyons que les inégalités dont nous venons de parler confirment simplement ce que nous savons du système prussien en général. Tout n'y est point en effet centralisé à l'excès; à chaque degré de la hiérarchie, le supérieur laisse volontiers une certaine liberté d'initiative au subordonné. Les contributions, pendant la période de guerre, ne sont donc point frappées exclusivement par le général en chef, ou même par les chefs de corps. Le droit d'en lever dans le pays est entre les mains d'un grand nombre d'officiers supérieurs; chacun d'eux en use, sur son passage, ou dans l'étendue de son commandement, soit pendant les opérations actives, soit dans la période de cantonnement, à son heure et à sa guise. Ceux qu'il délègue pour effectuer la rentrée des contributions, quand il ne s'en charge pas lui-même, jouissent à leur tour d'une certaine initiative; et c'est pour cela que des officiers subalternes apparaissent souvent comme négociant pour leur propre compte ces questions d'argent.

Contributions de guerre après la signature de l'armistice.

Nous avons dit que les contributions dont nous avons parlé jusqu'ici avaient été levées, soit avant l'armistice, soit dans les premiers jours qui l'ont suivi; mais nous n'avons pas distingué les premières des secondes. Il faut cependant s'arrêter un instant à cette différence de dates entre les unes et les autres, car la circonstance de l'armistice ne peut être indifférente en matière de contributions de guerre.

L'ennemi a-t-il le droit d'en lever, en pays occupé, quand un armistice a été conclu? Le bon sens et le droit des gens répondent négativement, surtout quand la contribution, comme dans le système prussien, au lieu d'être un équivalent des réquisitions en nature, est en définitive un moyen de guerre indirect. Le droit d'en imposer doit cesser en même temps que le droit de combattre. Il ne reste plus à l'occupant que la faculté de percevoir l'impôt légal.

Il est constant, néanmoins, que les Prussiens ont, en maint endroit, imposé des contributions de guerre pendant l'armistice. Nous ne savons pas les dates exactes auxquelles ont été levées toutes celles qui ont été payées dans la Sarthe; mais nous en connaissons un assez grand nombre postérieures au 28 janvier, pour dire que notre département n'a pas été plus épargné que d'autres sous ce rapport.

Les Prussiens prétendent, il est vrai, avoir parfaitement le droit de lever des contributions de guerre en temps d'armistice. Ils invoquent la convention du 28 janvier, qui a, en effet, oublié de spécifier expressément qu'ils ne l'auraient pas.

Mais il est facile de voir qu'au moment même où les faits se passent, ils ne sont pas si sûrs d'avoir le droit pour eux. Il arrive en effet, quelquefois, que des officiers occupés à lever des contributions vers le 30 ou le 31 janvier, sont surpris par l'arrivée d'officiers français chargés de dénoncer officiellement l'armistice (1) : ils abandonnent alors immédiatement leurs prétentions. Mais on peut surtout remarquer que toutes les contributions levées en temps d'armistice, se placent entre le 28 janvier et les premiers jours de février, jamais plus tard. Les Prussiens paraissent avoir tenu à se ménager cette excuse éventuelle qui consisterait à dire : que l'armistice n'était pas connu de tous les chefs de détachement, ou l'était incomplétement, au moment où ceux-ci levaient leurs contributions. C'est une excuse qui ne soutiendrait pas longtemps l'examen, il est vrai; car il serait facile de prouver que les principaux chefs prussiens connaissaient la convention, à peine était-elle signée, et que l'armée tout entière ne tardait pas à la connaître à son tour.

(1) Voir plus haut l'exemple du Lude.

Mais ces dates des contributions, si rapprochées de la conclusion de l'armistice, cachent encore un autre calcul de la part de certains chefs de détachement. Il est visible, en effet, que, pour se procurer plus facilement l'argent dont ils peuvent avoir besoin, pour s'épargner des discussions avec les municipalités sur l'étendue de leurs droits, ils évitent à cette époque de faire connaître l'armistice aux populations. A la joie de l'armée allemande, celles-ci pressentent bien quelque chose de semblable ; on a soin d'ailleurs de publier la capitulation de Paris. Mais c'est seulement plusieurs jours après le 28 janvier, que beaucoup de communes sont mises au courant de la situation, quelquefois le 3 ou le 4 février seulement.

L'armistice, il ne faut pas l'oublier, a une conséquence particulière dans la Sarthe, qui forme, en ce moment, le point extrême de l'occupation. La convention du 28 janvier, en effet, en fixant, comme ligne de démarcation entre les deux armées, la limite des départements de la Sarthe et de la Mayenne, détermine, selon l'usage, ce qu'on peut appeler une zone neutre, en deçà et au delà de cette ligne, puisque les avant-postes des deux armées doivent s'en tenir à une distance de 10 kilomètres au moins, d'un côté comme de l'autre. A supposer même que l'armistice n'enlève pas aux Prussiens le droit de lever des contributions, l'obligation de ne pas pénétrer dans la zone neutralisée leur en interdit, au moins en fait, la perception dans cette partie du département. C'est une raison pour certains chefs de se hâter d'en emporter quelque argent, avant de l'évacuer. On peut remarquer, en effet, que les contributions levées après le 28 janvier, le sont particulièrement sur ce territoire (1).

(1) Citons, comme exemples de communes ainsi imposées : Le Bailleul (à 6 kil. de la limite du département), le 30 janvier ; Crosmières (à 4 kil.), le 31 janvier ; Le Lude (à 6 kil.) ; Saint-Remy-de-Sillé (à 5 kil.), le 28 janvier ; Le Grez (à 2 kil.), le 31 janvier ; Arthezé (à 9 kil.), le 30 janvier, etc.

Parmi les communes ainsi imposées, plusieurs réussissent à ne rien payer, en gagnant du temps, jusqu'au moment où les Prussiens sont forcés de partir. Mais en général elles sont obligées de s'exécuter. L'ennemi ne se presse pas en effet d'exécuter l'armistice et d'évacuer la zône neutralisée : l'enquête nous apprend que le 3 février seulement les différents détachements se replient derrière les lignes fixées par la convention (1).

Si plusieurs contributions de guerre ont été perçues par les Prussiens, après le commencement de l'armistice, contrairement aux principes du droit des gens, il en est une qui a été l'occasion d'une infraction déclarée, non plus seulement à ces principes, mais au texte formel de la convention. C'est la contribution du Mans.

L'art. 3 de la convention additionnelle aux préliminaires de paix, pour une prolongation de l'armistice, est en effet ainsi conçu : *Les troupes allemandes s'abstiendront à l'avenir de prélever des contributions en argent dans les territoires occupés. Les contributions de cette catégorie dont le montant ne serait pas encore payé seront annulées de plein droit ; celles qui seraient versées ultérieurement, par suite d'ignorance de la présente stipulation, devront être remboursées.* Cette convention est signée à Versailles le 26 février. L'autorité prussienne en est immédiatement informée. Le 27 au matin, le préfet de Drygalski annonce en effet officiellement au maire, que l'armistice a été prolongé jusqu'au 12 mars, et qu'il a reçu l'ordre de suspendre pendant ce temps le verse-

(1) Au lieu d'exécuter l'armistice, sur ce point, comme l'avait fait immédiatement le général Chanzy, le général Avensleben avait proposé le 1er février une modification au tracé de la ligne des avant-postes, modification qui, toute à l'avantage des Prussiens, était inacceptable. Telle est la cause de cette exécution si tardive de la convention. (V. le livre du général Chanzy, p. 408.)

ment de la contribution de guerre (départementale), *excepté la contribution pénale de deux millions* de la ville du Mans. Les Prussiens se gardent bien de révéler l'art. 3 de la convention ; il semble, à entendre le préfet Drygalski, que c'est, non pas le texte formel d'une convention, mais la bienveillance de son gouvernement qui fait suspendre le payement de la première contribution et qu'il n'y a, dès lors, aucun motif de ne pas payer l'autre.

En même temps, comme nous l'avons vu plus haut (1), le commandant de place fait tous ses efforts pour que les 200,000 fr. soient versés le plus tôt possible, avant que la ville soit exactement renseignée sur la teneur de la convention ; et il n'y réussit que trop bien.

Quelques jours plus tard, la municipalité adressait au prince de Bismark ses réclamations, demandant, conformément à l'article 3, le remboursement des 200,000 fr. indûment versés. Un peu plus tard encore, le gouvernement les faisait valoir à Francfort dans les négociations définitives. Mais, bien entendu, tout était inutile.

Les Prussiens se ménagent toujours des justifications dans les cas sujets à discussions ou à difficultés. Celle qu'ils ont évidemment en réserve au sujet de la somme en question, c'est que l'art. 3 ne doit pas s'appliquer aux contributions «pénales» qui peuvent être considérées comme l'exercice d'un droit de justice inséparable des pouvoirs de l'occupant, tandis que les contributions ordinaires ne reposent que sur le droit de la guerre. La distinction est certainement inadmissible ; mais elle n'en constitue pas moins un moyen plus ou moins spécieux de justification, qui peut être utile au besoin. Aussi peut-on remarquer les particularités suivantes assez curieuses. Les Prussiens, comprenant bien qu'il est impossible d'incriminer sérieusement la ville à raison des événements du 12 janvier, n'appellent point pénale la contribution qu'ils lui imposent,

(1) V. p. 20.

tant qu'ils n'ont pas intérêt à employer cette épithète. On a vu en effet le caractère que lui donne officiellement M. d'Arnim (1). Au cours des négociations, le mot « pénal » n'est jamais prononcé. Enfin, sur aucun des sept reçus à compte délivrés à la ville avant le 28 février, on ne le voit figurer. C'est le 25 seulement, la veille de la conclusion définitive des préliminaires, qu'il apparaît pour la première fois dans une lettre du préfet. Le commandant de place l'emploie aussi avec soin le 27, et le dernier reçu enfin diffère des sept précédents en ce qu'il n'a garde d'oublier la précieuse épithète.

Contribution départementale.

Pendant l'armistice, l'occupation prend un caractère semi-civil. Vers le 15 février, le gouvernement prussien envoie au Mans un préfet, M. de Drygalski, chargé d'administrer le département sous l'autorité du *Commissaire civil du gouvernement général du nord de la France, à Versailles.*

Son premier soin est de s'occuper de la question d'argent, et de frapper le département d'une contribution générale.

Le 18 février, le maire du Mans reçoit en conséquence la lettre suivante :

« Le Mans, 18 février 1871.

« Nous avons communiqué aux arrondissements du dépar-
« tement de payer une somme de cinq millions dix mille francs,
« à titre de contribution de guerre. Un tiers de cette somme,
« 1,670, 000 fr., doit être versé le 23 de ce mois, le soir, à
« cinq heures, à la caisse générale de la préfecture.

« De cette somme paiera :

« A.	l'arrondissement du	Mans	670,000 fr.
« B.	—	La Flèche	360,000
« C.	—	Mamers	415,000
« D.	—	Saint-Calais	225,000

(1) V. p. 46.

« Le chef-lieu du département, la ville du Mans, aura la « responsabilité, en cas d'irrégularité de versement de cette « contribution. C'est pour cela que nous engageons la mairie « de nous assister pour le versement, et surtout dans l'arron- « dissement de La Flèche. Nous vous communiquons, qu'en « cas d'irrégularité de versement, le département serait con- « damné à des exécutions militaires très-sérieuses.

« Le jour sera fixé plus tard quand les deux tiers restant « de 3,330,000 fr. seront payables.

« Le communiqué ci joint de payer la contribution pour « l'arrondissement de La Flèche sera remis au maire du chef- « lieu du canton par la mairie de la ville du Mans, le plus « vite.

« *Le Préfet,*

« De Drygalski. »

Au même moment, les maires de Mamers et de Saint-Calais reçoivent la notification de la somme à payer par leurs arrondissements, avec l'invitation de faire centraliser la contribution de chaque commune par les maires des chefs-lieux de canton, de centraliser eux-mêmes les contributions cantonales de leur arrondissement, et de déposer le tout au Mans, à la préfecture, le 23 à midi.

Quel est le caractère de cette contribution départementale ?

On voit que le préfet la qualifie de contribution de guerre ; malgré son apparence administrative, c'est le caractère que les Prussiens lui attribuent jusqu'au bout, et non celui d'un impôt qu'ils auraient droit de percevoir comme substitués au gouvernement français.

Et cependant le chiffre de cette contribution paraît être assez exactement celui de la somme à laquelle ils peuvent avoir droit, à ce moment, à titre d'impôt régulier.

Il faut admettre, en effet, comme base légale pour le calcul de l'impôt que l'ennemi avait droit de percevoir : 1° Le chiffre des douzièmes des contributions directes afférents à la durée de l'occupation ; 2° et en outre, comme équivalent des impôts indirects supprimés en fait, une somme égale au premier total; — en d'autres termes les douzièmes doublés des contributions. — Cette règle pour le calcul de l'impôt a été consacrée par une convention du 12 mars.

Or, le département de la Sarthe était imposé pour l'exercice 1870 à un total de contributions directes s'élevant (contingents départemental et communaux compris) à 6,591,569 fr. En comptant un douzième et demi de cette somme pour un mois et demi d'occupation, du 8 janvier au 23 février, jour de la première échéance prussienne, et en doublant le chiffre obtenu, pour représenter l'impôt indirect, c'est-à-dire en prenant au total trois douzièmes, on a le chiffre de 1,647,900 fr. qui ne s'éloigne pas beaucoup du montant du premier tiers de la contribution prussienne.

Mais si cette contribution paraît assez conforme, quant à son chiffre, à ce que l'occupant peut avoir le droit de réclamer, à titre d'impôt, elle ne se modèle aucunement, en ce qui concerne la répartition, sur l'impôt français. C'est en effet une *capitation*, ainsi que le préfet Drygalski nous l'apprend dans une lettre adressée le 26 février au maire du Mans. Il y explique que la contribution à payer par les pays occupés a été fixée d'une manière générale et depuis longtemps à 50 fr. par tête pour la population des villes, et 25 fr. pour celle des campagnes ; que celle à laquelle est imposé le département est l'exécution très-adoucie de cette mesure générale, puisqu'elle ne représente que 17 fr. par tête pour la première catégorie et 8 fr. 50 cent. pour la seconde.

Un côté remarquable de la contribution Drygalski, c'est le mode de recouvrement imaginé par son auteur. Cette solidarité par échelons, qui rend le canton responsable de la commune, l'arrondissement du canton, et la ville du Mans de tout le département, mérite assurément l'attention. On remarquera particulièrement la précaution prise de rendre cette malheureuse ville du Mans solidaire du payement de la contribution de l'arrondissement de La Flèche. Il faut se rappeler en effet qu'à cette époque cette partie du département est presque complétement évacuée par les Allemands qui ont reculé leurs troupes notablement en deçà de la ligne fixée par l'armistice ; Chantenay, Parcé, Malicorne et Mayet sont les points extrêmes de l'occupation : nous l'avons constaté d'après l'enquête. Ainsi, parce que l'armée allemande n'a pas le moyen de faire rentrer ses contributions dans cette région, une ville et son maire sont censés avoir le pouvoir qui fait défaut à l'armée ! C'est bien le dernier mot du système de solidarité mis tant de fois en usage, sous toutes les formes, par les Prussiens.

Mais il faut revenir aux faits qui suivent l'envoi des premières dépêches du préfet.

Elles ne tardent pas à jeter dans tout le pays une émotion facile à comprendre. Les maires des cantons se réunissent au chef-lieu d'arrondissement et les maires des communes au chef-lieu de canton. On décide généralement qu'il n'y a guère moyen de résister, qu'il faut s'exécuter, mais chercher à gagner le plus de temps possible et à donner le moins qu'on pourra. — Le temps se passe; la paix approche: Drygalski cherche à faire payer promptement quelque chose. Il répond aux délégués de Mamers, le 22 février : « qu'il faut payer absolument le premier tiers, et qu'alors les deux autres tiers ne seront probablement pas exigés ; que les communes ne seront décidément pas solidaires et que chacune pourra se libérer comme elle l'entendra ; il demande qu'on lui montre de la bonne volonté et qu'on lui verse quelques à-compte prochainement; après quoi il donnera du temps s'il le faut, mais il tient à recevoir quelques versements le plus tôt possible. » (*S. n°* 36, *p.* 37.) Quelques jours plus tard, le 25 février, il fait de nouvelles instances auprès de la ville du Mans et il termine une longue lettre par ces mots :

« De nouveau le soussigné vous ordonne expressément « et tout sérieusement de vous mettre en mesure de lui livrer « les contributions imposées à l'arrondissement du Mans,

« ainsi que pour tout le département de la Sarthe. En cas de « refus, le soussigné se verrait obligé, à son regret, de prendre « les mesures les plus sérieuses, qui lui sont imposées par sa « position, et qui pourraient avoir des suites regrettables « pour les propriétés et les habitants les plus notables de la « ville du Mans.

« Pour témoigner à la ville la bienveillance du gouverne- « ment, le soussigné accorde jusqu'au 1er mars, 4 heures du « soir, pour payer la somme indiquée (1). »

Devant les instances et les manœuvres du préfet, quelques cantons — ceux qui avaient éprouvé davantage précédemment combien la main de l'ennemi est lourde quelquefois — se trouvent obligés de verser des à-compte. Ce sont ceux de La Chartre, Bouloire, Saint-Calais, Le Grand-Lucé et Vibraye : 53,670 fr. 14 cent. lui sont ainsi remis. D'autres cantons, dans l'arrondissement de Mamers surtout, recueillent des sommes assez importantes, mais les gardent en caisse, sachant par expérience qu'on gagne toujours à ne pas se presser avec les Prussiens.

Le 26 février, la signature des préliminaires de paix vient enfin mettre un terme à leurs exigences ; car l'art. 3 de la convention additionnelle, ainsi que nous l'avons vu, suspend le droit de contribution pendant la prolongation de l'armistice. C'est alors que le préfet envoie au maire du Mans la lettre que nous avons mentionnée plus haut, pour lui annoncer officiellement que le département est, au moins provisoirement, exonéré du payement des cinq millions dix mille francs (2).

(1) V. séance du 26 février.

(2) Il faut citer la fin de cette lettre : « Dans le cas où les hostilités « seraient recommencées, la partie de cette contribution échue le 23 cou- « rant serait payable de suite. — C'est avec plaisir que je vous informe « que, d'après mes rapports et sur ma demande, M. le Commissaire civil « a renoncé à rendre vous-même et la ville du Mans responsable pour « le versement de toutes les contributions imposées au département et « n'exigera d'elle que sa part proportionnelle, soit 768,900 francs, dont « le premier tiers serait payable d'abord. »

Tout est donc terminé à cette date pour la contribution préfectorale, à laquelle les Prussiens ont toujours tenu à conserver le caractère de contribution de guerre. Il ne faut pas s'en plaindre : car s'il s'était agi d'un impôt véritable, basé sur le droit de l'occupant de remplacer dans sa perception le gouvernement national, ils eussent eu encore quelques jours à leur disposition pour en exiger le payement. La convention du 26 février porte, en effet, que les impôts seront perçus par l'occupant jusqu'à la ratification des préliminaires.

Nous avons terminé l'examen des réquisitions et des contributions prussiennes. On nous permettra cependant de ne pas quitter ce sujet sans dire quelques mots sur un ordre d'idées particulier, qui s'y rattache, et qui a son intérêt au point de vue de l'étude des théories de nos adversaires.

Nous savons ce qu'elles sont, en ce qui concerne le respect de la propriété privée. Mais une armée envahissante rencontre aussi devant elle la propriété publique, celle de l'État. Le droit des gens lui reconnaît évidemment un droit absolu sur tous les biens de cette nature qui servent directement ou indirectement à la guerre, comme les armes, la caisse des armées, etc. Mais ce droit s'étend-il plus loin ? On peut admettre que l'ennemi, revêtu momentanément des prérogatives de la souveraineté, et substitué à l'État national, ait la faculté de percevoir tous les revenus de diverse nature auxquels celui-ci avait droit ; mais il est impossible de lui concéder le droit de considérer comme sien tout ce qui a un caractère public, tout ce qui appartient à l'État, de le détruire ou de l'enlever, dans le but de nuire ou de s'enrichir, lorsque cela ne peut avoir aucune utilité directe pour la guerre.

Nous ignorons quelles sont au juste les théories prussiennes à cet égard. Ce que nous savons, c'est que, dans plusieurs départements, des actes de vandalisme ont été commis dans les forêts de l'État, sur lesquelles l'ennemi paraissait s'arroger un droit de propriété absolu (1). Nous devons dire que rien de semblable ne s'est passé dans la Sarthe, où les forêts ont été au contraire complétement respectées.

Mais nous avons trouvé dans l'enquête quelques faits, sans importance d'ailleurs, que nous croyons bon de mentionner en passant, parce qu'il paraît difficile de les expliquer autrement que par des idées quelque peu larges des Prussiens, au point de vue dont nous parlons.

Voici, par exemple, ce que nous voyons dans un rapport sur La Flèche (*S.*). La veille de l'armistice, l'administration du Prytanée voit arriver le commandant allemand qui déclare que, l'établissement étant militaire, tout y appartient à l'occupant, et en conséquence réclame le catalogue de la riche bibliothèque de l'établissement, ainsi que l'inventaire du cabinet de physique et de mécanique, pour savoir ce qu'il peut y avoir de bon à prendre. Heureusement, le lendemain ou le surlendemain, le détachement est obligé d'évacuer la ville, située dans la zone neutre, et le commandant allemand n'a pas le temps de faire son choix. Un mois plus tard, à la conclusion de la paix, les deux catalogues furent renvoyés du Lude, où était le commandant; on put y voir marqués au crayon bleu les objets qui avaient fixé ses désirs.

M. le maire de Cherré (*Pr.*) nous raconte aussi un incident caractéristique de son arrestation à La Ferté. Pris comme otage le 22 novembre au soir, au moment de l'entrée des Allemands, il est interrogé le lendemain matin : on lui fait montrer ses papiers et vider sa bourse. Il s'y trouvait une somme de 1,300 fr. Comme on lui demande si elle lui appartient tout entière, il répond franchement qu'une partie est en effet à lui, mais que le reste est le produit d'une collecte faite pour donner du pain aux indigents. Aussitôt l'officier fait le partage de la somme et, malgré toutes les protestations du

(1) Dans les Ardennes, par exemple.

prisonnier, on prend les 960 fr. qui représentent l'argent des pauvres, en lui délivrant un reçu en règle, et en lui laissant ce qui lui appartient personnellement.

Ce ne sont là que des anecdotes, si l'on veut; elles indiquent néanmoins, ce nous semble, la manière de voir, au moins instinctive, des Prussiens, et leurs distinctions caractéristiques entre la propriété privée des particuliers et celle de l'État ou des communes.

C'est ce qui ressort également de certaines destructions inexplicables d'archives et de papiers publics dans les mairies. Les pertes résultant de destructions de cette nature n'ont pas été au total très-considérables. Les maires, en effet, avaient pris pour la plupart leurs précautions et mis en sûreté au moins les papiers les plus importants. L'enquête n'en permet pas moins de constater que, dans beaucoup de communes, des registres de l'état civil, des archives de la fabrique et autres papiers publics ont été détruits. Or, si parmi les faits de destruction que nous connaissons,il en est qui peuvent s'expliquer naturellement par l'insouciance du soldat allumant son feu ou formant la litière de ses chevaux avec ce qui lui tombe sous la main, il en est d'autres pour lesquels une explication semblable est impossible. Ici, par exemple, les soldats cherchent les archives et, les ayant trouvées dans une cave, s'efforcent de les brûler, entreprise que leur humidité fait échouer (*Sargé*, S.); là elles sont par eux jetées sur la route (*Villaines-la-Gosnais*, S.) ; ailleurs, à *Neufchâtel* (Pr.), une colonne allemande marchant au canon vers Alençon, le 15 janvier, prend le soin de laisser derrière elle une petite troupe qui se divise en deux sections, l'une pour se faire remettre par les habitants les armes de guerre, l'autre pour aller à la mairie chercher les archives : celle-ci ne les trouvant pas, parce qu'elles ont été cachées, se procure au moins la satisfaction de briser l'urne électorale. — On rencontre de temps en temps dans l'enquête des faits analogues qu'on ne sait au premier abord comment expliquer. Evidemment l'autorité militaire prussienne n'a pas, de propos délibéré, cherché à détruire les papiers publics ; ils ont été respectés dans trop d'endroits pour qu'on puisse l'en accuser. Mais les faits dont nous parlons semblent prouver au moins, soit chez les soldats auteurs de ces destructions parfaitement cherchées, et pourtant sans utilité pour eux, soit chez les officiers qui les laissent faire, l'existence de cette idée, que tout ce qui a un caractère public est la propriété du vainqueur, et que c'est affirmer son droit que de le détruire à l'occasion.

II.

Mesures pénales.

Une armée en campagne, comme toute société, possède le droit primordial de légitime défense. Si sa sécurité est compromise ou menacée par des actes contraires aux lois de la guerre, elle a le droit de sortir elle-même de la légalité et de recourir à des mesures violentes répressives et même quelquefois préventives, pour affermir ou rétablir cette sécurité qui lui est nécessaire.

Quelles sont les limites de ce droit ? Celles-là mêmes de la légitime défense. La justice trace à cet égard deux règles évidentes et absolues.

La première, c'est que l'armée ne cherche à empêcher par ces mesures que ceux des actes de son adversaire qui sont réellement illicites. Paralyser, par des violences appelées pénales, des moyens de guerre licites et loyaux de son ennemi, ce n'est plus user du droit de légitime défense, c'est violer sans excuse les prescriptions souvent les plus sacrées du droit des gens et y insulter en même temps, en feignant de n'agir qu'en leur nom.

L'autre règle concerne le degré de rigueur qu'il est permis

d'employer dans les mesures adoptées. Sans doute le désordre inséparable de la guerre, l'urgence impérieuse de toutes les précautions qu'elle commande expliquent et justifient un taux de sévérité qu'on est facilement porté, en temps de paix, à taxer d'excessif et de cruel. Néanmoins toutes les guerres ne se ressemblent pas. A-t-on affaire à un ennemi acharné et sans scrupules, la sécurité de l'armée est-elle véritablement à ce prix, on comprend un grand déploiement de rigueurs dans la répression des actes coupables. N'a-t-on à se plaindre, au contraire, que d'actes isolés et sans portée, qui ne compromettent pas sérieusement la sécurité de l'armée, la répression doit être évidemment plus humaine, sous peine d'être cruelle et illégitime.

Quel a été le caractère des mesures pénales prussiennes dans la Sarthe? Sont-elles conformes ou contraires aux règles que nous venons de rappeler?

Ce qui frappe tout d'abord quand on étudie l'enquête, c'est la rigueur très-grande de la plupart de ces mesures. — Des communes tout entières sont rendues responsables de faits isolés qu'elles n'ont eu, ni de près ni de loin, le pouvoir d'empêcher. — Elles en sont punies, sans parler des amendes, ici par l'incendie, là par le pillage, d'autres fois par la captivité et la bastonnade infligées aux principaux habitants. — Il n'y a pas d'ailleurs que des mesures répressives : le plus souvent c'est à titre préventif que les rigueurs se déploient. A chaque instant, sur le passage des armées allemandes, des otages sont enlevés, entraînés pendant plusieurs jours, souvent assez loin, garantissant de leur tête les accidents que peuvent craindre les soldats.

A supposer ces mesures admissibles dans une guerre quelconque, peut-on dire que leur rigueur est justifiée par le caractère de la dernière guerre, par l'attitude de la population française? L'Allemagne a-t-elle devant elle à ce moment un peuple de sauvages sans foi ni loi? Est-ce même seulement une nation soulevée et courant tout entière à la guerre sainte, comme l'Espagne au commencement du siècle? Les Prussiens comprennent bien qu'il faut supposer, pour justifier leurs actes, que la France offre en effet ce spectacle au moment de la guerre. On se rappelle mainte circulaire du prince de Bismark, dénonçant à l'Europe l'absence de sens moral des Français. L'enquête contient aussi la reproduction de plusieurs conversations d'officiers, dans lesquelles on voit apparaître cette idée que, sans le système de terreur qu'ils emploient et qu'ils avouent, les armées allemandes auraient vu se dresser autour d'elles « la chouannerie, » et n'auraient plus eu un moment de sécurité.

Il n'est pas besoin de protester contre les insultes gratuites du prince de Bismark ; mais la vérité nous oblige de réduire à néant les craintes que les officiers prussiens ont affichées sur le danger d'un soulèvement ou d'hostilités dangereuses de la part de la population. Nul ne peut dire, s'il a vu celle-ci de près dans ces tristes jours d'une situation désespérée, qu'elle fût d'humeur à s'engager dans une voie semblable ou qu'elle y eût songé, lors même que les Allemands se fussent montrés aussi bénévoles qu'ils étaient impitoyables. Nul ne peut prétendre que les rigueurs prussiennes aient été justifiées par la nécessité d'affermir une sécurité, que toutes les circonstances rendaient fatalement et malheureusement trop complète.

Il y a donc eu des cruautés inutiles ; nous croyons, de plus, que les chefs prussiens se rendaient bien compte de la situation : leur conduite est donc sans excuse. Mais nous ne nous arrêterons pas à ce point de vue, sur lequel la contradiction, plus ou moins sincère, n'est jamais impossible. Ce qu'il faut voir surtout, c'est si les mesures pénales prussiennes ont respecté ou violé la première règle que nous énoncions tout à l'heure, c'est-à-dire si elles n'ont atteint que ce qui était punissable, ou si, au contraire, elles n'ont pas constitué des moyens détournés et condamnables de réaliser un but de guerre proprement dit.

Or voici ce que nous avons constaté dans l'enquête.

Nous avons relevé quatre ou cinq circonstances seulement, dans lesquelles des griefs légitimes ont été invoqués par les Prussiens pour l'application de leur système pénal : ce sont des habitants qui ont tiré quelques coups de fusil sur l'ennemi, soit à son arrivée, soit pendant l'occupation, faits absolument isolés, accidentels, sans portée. Les Prussiens les considèrent bien aussi comme tels : ils donnent lieu, en effet, à des exécutions militaires qui n'ont rien d'excessif et qui n'atteignent que le coupable lui-même.

Mais, à côté de ces mesures légitimes, nous en avons trouvé vingt-cinq ou trente qui ont un caractère absolument opposé. La rigueur qui les caractérise et que nous signalions tout à l'heure, y est déployée à l'occasion de certains actes, dommageables sans doute plus ou moins pour les armées allemandes, mais essentiellement licites et loyaux (1).

Ce sont ces exécutions militaires, violant le droit des gens, qu'il importe de faire connaître.

Avant de les rapporter fidèlement ici, on nous permettra d'en signaler les caractères généraux, et de nous demander en quoi précisément le droit a été violé par elles. En effet, lorsqu'il s'agit de mesures de guerre en général, on doit craindre de se laisser aller au sentiment trop naturel qui nous porte, en temps de paix, à traiter de cruels et d'odieux tous les actes de l'ennemi ; et on doit, avant de porter contre lui l'accusation si grave d'avoir foulé aux pieds les lois de la guerre, se bien prouver à soi-même, en interrogeant celles-ci avec soin, qu'elles condamnent en effet ce qui avait tout d'abord révolté la conscience. Cela est d'autant plus néces-

(1) Telle est la proportion — trop significative — entre les mesures pénales légitimes et celles qui usurpent ce titre, telle qu'elle résulte de notre enquête. Nous ne connaissons, il est vrai, que la moitié ou les deux tiers de toutes celles, de l'une et de l'autre espèce, qui ont pu être prises dans la Sarthe. Mais les témoins de l'enquête attachant ordinairement la même importance aux unes et aux autres, il n'y a pas de raison pour que cette proportion ne soit pas celle qui résulterait d'une enquête complète.

saire, en ce qui concerne les actes prussiens, que l'on rencontre à chaque instant, en les étudiant, la trace des justifications plus ou moins spécieuses, sans lesquelles un Prussien ne se hasarde jamais à enfreindre le droit des gens, et dont il faut, par un travail bien facile d'ailleurs, débarrasser le terrain des faits.

Les mesures dont nous nous occupons paraissent s'inspirer toutes de la même préoccupation et avoir le même but : rendre impossible aux Français une forme particulière de la lutte, celle de la guerre de détail, ou de partisans, qui multiplie les surprises, les attaques isolées et partielles, et défend le sol pied à pied, village par village. Ce peut être là, en effet, une guerre dangereuse, dans certains cas, pour un envahisseur. Mais n'y a-t-il donc de permis par le droit des gens que la guerre à coups de canon et les batailles rangées? Il y a la « petite guerre » comme il y a la « grande guerre ; » c'est l'*a b c* de l'art militaire. Les Prussiens le savent bien, et évidemment, ils n'avoueraient pour rien au monde qu'ils ont voulu empêcher la France de pratiquer quelquefois la première à défaut de succès dans la seconde. C'est pourtant la vérité qu'il faut reconnaître sous les précautions prises pour la dissimuler. Voici les principales circonstances dans lesquelles le système se manifeste.

Et d'abord, ils ne reconnaissent pas à la France le droit d'avoir tous les combattants qu'elle veut. Francs-tireurs et gardes nationaux ne sont pas pour eux des belligérants; les hostilités de leur part sont des actes illégitimes. Il y a là la continuation d'un système inauguré dès le début de la guerre. On se souvient qu'ils n'ont pas voulu d'abord reconnaître les gardes mobiles eux-mêmes, et qu'il a fallu la menace de rendre aux soldats de la landwehr les traitements que subiraient les mobiles pour faire comprendre aux Prussiens ce qu'exigeait la justice la plus élémentaire. Vis-à-vis des francs-tireurs et des gardes nationaux non mobilisés, nous les voyons continuer pendant toute la guerre à ne pas le comprendre. Ils affectent de considérer les premiers comme une espèce de brigands, combattant irrégulièrement ; les seconds, comme des habitants se levant spontanément et violant la neutralité à laquelle est astreinte la population civile. Toute velléité de résistance des gardes nationaux est punie comme un attentat. L'accusation d'attirer, de favoriser les francs-tireurs sert chaque jour de prétexte à toutes les violences et à tous les excès envers la population. Le résultat cherché et obtenu est de paralyser le peu d'éléments de résistance nationale qui peuvent encore exister, d'exciter les défiances de la nation contre le nom et l'uniforme de quelques-uns de ses défenseurs, de rendre beaucoup plus difficiles les opérations d'éclaireurs et de partisans. Tout cela parce qu'il s'agit d'autres soldats que des soldats de la ligne. Mais qu'est-ce donc que le droit des gens exige pour que des troupes aient les droits des belligérants ? Il n'y a pas à cet égard une seule divergence, même parmi les auteurs allemands : il faut une commission de l'Etat, assujettissant ces troupes à l'autorité militaire régulière ; ensuite un uniforme quelconque, des insignes visibles de loin et permettant à l'ennemi de distinguer à qui il a affaire. Corps francs, gardes nationales, landsturm, toutes ces troupes ont été de tous temps, en tous pays reconnues, si elles se conforment à ces principes. Or, les francs-tireurs et les gardes nationaux français sont à cet égard absolument en règle. Il y a plus : contrairement, en apparence au moins, à leur institution, ce n'est pas à la guerre de partisans proprement dite, dont les allures quoique permises sont plus irrégulières, que les francs-tireurs se livrent, à l'époque où les Prussiens pénètrent dans la Sarthe : complétement absorbés dans l'organisation régulière de l'armée et fondus dans ses rangs, ils ne se distinguent des autres troupes que par des uniformes variés et par des fonctions spéciales d'éclaireurs.

Mais, non-seulement la Prusse ne reconnaît pas à la France le droit d'avoir tous les combattants qu'elle pourrait mettre en ligne; elle ne semble pas même lui reconnaître celui d'user de certains moyens de guerre parfaitement légitimes.

Ainsi, il n'a qu'à se produire un de ces événements qui sont de tous les jours à la guerre : un poste est surpris, des coups de fusil isolés sont tirés dans la campagne, des éclaireurs tombent dans une embuscade — et cela sur le théâtre de la lutte, quand les avant-postes se touchent. En pareil cas, on est à peu près sûr de voir les Prussiens se venger sur la population civile et recourir aux exécutions militaires. Est-ce donc que l'armée française n'a pas le droit de se livrer à ces surprises, à ces attaques isolées, à ces coups de main? Qui ne sait que ce sont là des moyens de guerre prévus par tous les règlements sur le service en campagne, — celui de la Prusse compris — et toujours admis par le droit des gens?

Les Prussiens ne semblent pas admettre non plus la défense, même à distance, des villes et villages non fortifiés. Elle est inévitablement suivie du pillage, de l'incendie et de l'enlèvement des notables. Châteaudun est, dans l'histoire de l'invasion, la victime la plus tristement célèbre de l'application du système prussien. La Sarthe a été aussi le théâtre de quelques faits du même genre, quoique beaucoup moins graves, mais toujours injustifiables. Qu'une ville défendue puisse être attaquée par tous les moyens, même les plus destructeurs, soit ; mais, quand la résistance a cessé, quand la ville est rendue, pourquoi les exécutions militaires? Est-ce qu'une armée n'a pas le droit d'utiliser les maisons et les rues d'une ville, de s'y barricader et de s'y abriter, comme elle le ferait en rase campagne, derrière une fortification passagère?

Telles sont les opérations militaires, absolument licites et loyales, dont les Prussiens se vengent sur la population civile, comme d'attentats au droit des gens. Leur légitimité est cependant si facile à démontrer que, si on les mettait en demeure d'expliquer leur conduite, ils chercheraient probablement leur justification d'un autre côté. Les armées allemandes, diraient-ils, n'ont sévi dans des cas semblables contre la population, que parce qu'elle était sans doute complice, à quelque degré, des hostilités. Elles étaient en droit de penser, par exemple, que c'étaient des habitants qui avaient tiré ces coups de fusil dans la campagne, — de croire qu'ils avaient guidé les soldats pour surprendre ce poste, — que tout au moins ils n'ignoraient pas les positions et les manœuvres françaises et qu'ils auraient dû les faire connaître, — qu'ils avaient concouru à la défense de cette ville, etc.

Mais il n'y a pas de justification possible sur ce terrain plus que sur l'autre. Quelle est donc, en effet, à de semblables moments, la situation de la population civile, et quels sont les droits de l'ennemi sur elle? Quand le pays est définitivement occupé, que l'armée nationale est refoulée au loin, nous pouvons admettre que toute hostilité, dont l'auteur reste inconnu, puisse être légitimement attribuée à un habitant qui aura violé ainsi le principe de la neutralité, — admettre aussi que la population est alors tenue à une sorte de fidélité, à plus de devoirs en tous cas envers le gouvernement de fait qui la régit. Mais sur le théâtre même de la lutte, alors qu'on se bat tous les jours, que les soldats des deux armées sont répandus partout et que le terrain est disputé pied à pied, qui donc pourrait soutenir que la situation est la même? Est-il possible, alors, d'attribuer aux habitants toutes les attaques partielles et isolées qui se produisent près des lignes de l'armée ennemie, de ses avant-postes ou de son arrière-garde, ou bien de les en déclarer complices, quand on n'en a aucune preuve? Est-il possible d'exiger d'eux qu'ils refusent d'obéir aux ordres de l'autorité française, leur gouvernement légitime; et surtout qu'ils dénonçent à l'ennemi les mouvements des éclaireurs ou des partisans français? Est-ce de ne pas commettre la plus odieuse trahison, si justement punissable par la France, que la Prusse pourrait les punir?

Mais il est temps de clore ces observations. Il est trop évident que les soi-disant représailles accomplies dans les différentes circonstances que nous venons d'énumérer, sont des violations du droit des gens, injustifiables, à quelque point de vue qu'on se place. Or, les actes prussiens que nous voulons dénoncer d'après l'enquête, — actes ordonnés ou permis par l'autorité militaire — ont tous eu lieu dans quelqu'une de ces circonstances. Nous allons maintenant les faire connaître, soit en citant textuellement les déclarations des témoins, soit en les résumant fidèlement. Nous y ajouterons l'indication de la position des troupes allemandes et françaises au moment où les faits ont eu lieu, des événements militaires qui les avaient précédés, du rôle joué par la population, etc., en un mot, des différentes circonstances qui peuvent en atténuer ou en aggraver la portée. Il est en effet nécessaire de s'en rendre parfaitement compte pour porter un jugement sérieux sur la conduite de l'ennemi en pareil cas. Nous avons cherché à le faire avec le plus de soin possible, à la fois d'après les indications de plusieurs rapports de l'enquête qui entrent dans ces détails, et d'après celles des ouvrages militaires les plus autorisés, notamment ceux de Chanzy, Rüstow et Bluhme.

C'est dans les derniers jours de novembre que les Allemands font leur première apparition dans la Sarthe.

Le grand-duc de Mecklembourg-Schwerin, après avoir concentré à Chartres ses troupes (au moins cinquante mille hommes, parmi lesquels les Bavarois du Ier corps, sous le commandement de Von der Thann), s'avance, vers le 18, rapidement, dans la direction de l'ouest. Cette marche soudaine, à la veille des combats décisifs de Loigny et d'Orléans, est un mouvement tournant avorté ou une diversion ; c'est en tous cas un moyen de se ravitailler largement et promptement dans un pays non encore épuisé ; partout, en effet, ses troupes, suivies de grands convois, entassent dans des chariots le produit des innombrables réquisitions et surtout des pillages qui signalent invariablement leur passage, dans une proportion que l'invasion de janvier n'a généralement pas atteinte.

Le gros des forces françaises étant en ce moment autour d'Orléans, le grand-duc ne rencontre devant lui que des colonnes mobiles établies du côté de La Loupe et de Nogent, puis des forces locales disséminées sur divers points, composées de mobilisés et de francs-tireurs : le 21e corps achève de se former au Mans ; plus loin encore le camp de Conlie s'organise.

Les colonnes mobiles sont obligées de battre en retraite après les combats de La Fourche et de Bretoncelles (20 et 21 novembre) et les troupes allemandes pénètrent par plusieurs côtés à la fois dans le département, entre La Ferté et Mamers, du 22 au 24. La région du nord (Mamers et Saint-Cosme) est évacuée au bout de vingt-quatre heures ; mais pendant deux ou trois jours les cantons de La Ferté, Vibraye et Montmirail sont couverts de troupes. Des colonnes plus ou moins nombreuses s'avancent enfin, les unes par la vallée de l'Huisne jusqu'à Connerré, les autres, en suivant la route de La Ferté à Saint-Calais, jusqu'au delà de cette dernière ville, occupant et réquisitionnant aussi le pays à droite et à gauche. Les 25 et 26, le gros des forces allemandes évacue le département, se dirigeant sur Orléans, par Authon, au nord, et Epuisay, au sud. Quelques détachements seulement restent en arrière pour se retirer, eux aussi, le 1er décembre.

Pendant cette courte occupation de quelques cantons du département, les Allemands ne se heurtent à aucune résistance. Les troupes françaises, en effet, qui se sont repliées après les combats de La Fourche, ont pour objectif de défendre Le Mans, que chacun s'attend à voir attaquer ; le 21e corps ne se met en mouvement que le 27, quand on n'a plus de craintes de ce côté, et que le grand-duc s'est éloigné. De son côté, la population, voyant la retraite des troupes françaises et le pays inondé tout d'un coup par des forces allemandes considérables, ne peut songer et ne songe aucunement en effet à des hostilités impossibles. On ne pourrait citer, comme forme de résistance locale, que les coupures faites sur toutes les routes du département, à cette époque. Exécutées à la hâte par les habitants, par les cantonniers, sur les ordres tantôt de l'autorité militaire, tantôt des comités civils de défense, elles ne gênent que fort peu la marche de l'ennemi et sont immédiatement recomblées, sous la pression de ses baïonnettes, par ceux qui les ont faites. Voilà les conditions dans lesquelles s'effectue cette première invasion : on ne saurait y trouver rien de nature à exciter ou à inquiéter l'ennemi et à le pousser à des excès.

Voici maintenant les quelques faits que nous avons trouvés dans l'enquête et que nous voulons signaler :

— La ville de *La Ferté*, évacuée par les troupes françaises dans la nuit du 21 au 22, n'a aucunement à ce moment l'intention d'organiser une défense impossible. Un certain nombre de gardes nationaux et de francs-tireurs vont cependant le 22 se poster à 4 kilomètres de la ville, sur la grand'route, où des tranchées ont été pratiquées la veille (1). L'ennemi étant arrivé vers le soir, des coups de fusil sont échangés ; les Français se replient sur La Ferté, en continuant de tirer, jusque dans le faubourg. Les Bavarois, — c'était, en effet, le corps de Von der Thann, — avançant toujours, y entrent à 8 heures. Alors commencent les représailles si bien méritées par les coups de fusil des gardes nationaux et la défense d'une ville ouverte. Les soldats font prisonniers les habitants qui leur tombent sous la main ; pénétrant avec violence dans les habitations, ils se livrent à un pillage en forme : toute objection, toute plainte provoque les coups ; neuf habitants sont tués. Pendant ce temps le général a soin de faire les choses en règle : s'arrêtant à un kilomètre de la ville, il envoie saisir à l'hôtel de ville le maire et deux conseillers municipaux et les fait amener devant lui ; il leur reproche avec indignation la défense de la ville, et, montrant ses canons en batterie, déclare que tout sera bombardé et incendié, si l'on ne cesse pas de tirer des coups de fusil.

(1) Un autre moyen de défense avait été ménagé : des torpilles avaient été disposées sous le sol de la route par les soins du génie auxiliaire. Mais on ne put s'en servir, et les Prussiens ignorèrent leur existence.

La mise en scène est assez inutile, car le fait seul de l'occupation de la ville les fait bientôt cesser. Cependant, les prisonniers civils faits au hasard dans la rue (parmi eux M. le maire de Cherré, qui se rendait à la mairie), sont l'objet des plus mauvais traitements au poste où on les a conduits. On les y retient encore la journée et la nuit suivantes. Plusieurs sont ensuite relâchés; mais sept ou huit autres sont emmenés le 24 au matin, à pied et sans un instant de repos, à dix lieues de là, dans la Beauce, à Montlandon. Ils sont les otages qui garantissent, de leur tête, le remplissage des tranchées de la route immédiatement ordonné par l'ennemi. Celles-ci comblées, on les renvoie le lendemain. (*La Ferté*, S. ; *Cherré*. Pr.)

A peine arrivé à La Ferté, le corps bavarois s'établit sur la route du Mans jusqu'au delà de Sceaux et envoie des détachements à la recherche du butin.

— *A Villaines-la-Gosnais*, ils arrivent au nombre de douze ou quinze cents, le 23. Les archives de la mairie sont dispersées, les maisons dévalisées, le château dépouillé de ses objets d'art. Pendant ce temps le maire est gardé à vue. Le lendemain, ils repartent emmenant trois otages, dont deux âgés de soixante-deux et soixante et onze ans. Ils n'ont aucun grief contre la commune et n'en allèguent même pas. Les trois otages seront traînés à leur suite pendant six jours, jusqu'à Logron (Eure-et-Loir). (*S.*)

Des reconnaissances de uhlans sont poussées tous les jours sur la route du Mans, depuis Sceaux jusqu'aux environs de Connerré. La première, qui passe le 23, pratique largement l'intimidation.

— A *Vouvray-sur-Huisne*, le maire est ajusté trois fois; quatre habitants, pris au hasard sur la place, sont emmenés comme otages. (*S.*)

— Un peu plus loin, près de *Duneau*, un aubergiste établi sur la route est également emmené et joint aux otages de Vouvray. Tous les cinq voyageront à la suite des Prussiens pendant sept jours, jusqu'à Brou. (*S.*)

Ce qui se passe sur la route du Mans a lieu également dans les autres directions. Voici par exemple comment les Bavarois savent pourvoir à leur sûreté menacée.

— *Courgenard* est un petit bourg situé entre La Ferté et Montmirail. Le 22 novembre, quelques cavaliers allemands venant d'Authon reçoivent, en arrivant à 8 heures du soir devant le poste de garde nationale, un coup de fusil fort inoffensif du factionnaire, qui leur fait tourner bride. Cinq heures après, à 1 heure du matin, dix cavaliers arrivent devant le bourg, venant de La Ferté; ils ont avec eux deux habitants de cette ville, requis de servir de guides, un cheval et une voiture, au fond de laquelle est jeté son propriétaire, les mains liées derrière le dos. La troupe s'arrête devant le poste et crie aux gardes nationaux : «Si vous tirez sur nous, demain votre village sera incendié;» puis elle s'enfuit vers La Ferté, tirant en l'air des coups de pistolet et laissant au poste les trois Français, avec la voiture et le cheval. — L'effet attendu est produit; des récits effrayants sur la prise de La Ferté sont répandus ; la panique s'empare du pays et presque tous les habitants du bourg s'enfuient dans les bois. — Les jours suivants, la commune pouvait être occupée en toute sécurité par différents détachements, qui pillaient tout en conscience, puisque les habitants — par hostilité sans doute — s'étaient enfuis. (*Pr.*)

Mais c'est dans la direction de Vibraye et de Saint-Calais que se porte le gros des fourrageurs. Du 23 au 25, les campagnes de ce côté sont ravagées complétement ; et pour protéger le pillage: les otages, comme toujours.

— Le 23 novembre, une avant-garde entre à *Melleray* et charge, le sabre en main, les quelques habitants qui se trouvent sur la place. Le détachement arrivé, on fait prisonniers deux hommes qui s'enfuyaient avec leurs meubles dans une voiture. Ils sont emmenés comme otages, pour n'être relâchés que le 27 à Epuisay, après avoir reçu chacun cinquante coups de bâton. (*Pr.*)

— Le 24, huit mille Bavarois arrivent à *Valenne*. — Epouvantés, beaucoup d'habitants ont fui, comme dans tant d'autres communes ; c'est l'occasion d'un pillage général. Mais il ne fait pas meilleur rester, paraît-il : les habitants qui regardent les troupes passer sont saisis et gardés comme prisonniers pendant deux heures, dans un café, par les officiers. L'ennemi part enfin, mais en emmenant un otage, *la corde au cou*. (*Pr.*)

— Ce même jour, un régiment de cuirassiers prussiens (blancs) arrive à *Rahay*, dans l'après-midi. Ayant trouvé, dans le clocher de l'église, un certain nombre de fusils de gardes nationaux qu'on n'avait pas eu le temps d'expédier au Mans, ils se livrent à toutes sortes de violences. Une vingtaine d'habitants reçoivent la bastonnade, sans compter les coups de plat de sabre et les coups de poing. Le curé et quatre autres personnes passent la nuit au poste, étroitement garrottés. Le lendemain, M. le vicomte Jaubert, maire de la commune, accouru pour plaider la cause des prisonniers, partage immédiatement leur sort. Les Prussiens les traînent à leur suite pendant trois jours, en leur distribuant de temps en temps des coups de crosse ; à Epuisay, le 26, ils reçoivent une bastonnade en règle. M. le vicomte Jaubert devait succomber, le 20 décembre, après trois semaines de souffrances, aux blessures reçues pendant cette dure captivité. (*Pr.*)

— Le 25, un détachement bavarois de quatre mille hommes passe la nuit à *Conflans*. Il repart le lendemain, emmenant trois otages, trois habitants pris dans leurs maisons. — On leur ôte leurs chaussures, et on les traîne, pieds nus, attachés derrière une voiture, jusqu'en Beauce. (*Pr.*)

— Le 26, on retrouve à *Saint-Calais* les otages faits le 23 à Vouvray-sur-Huisne et à Duneau. Une patrouille allemande ayant été, paraît-il, attaquée du côté de Vibraye, ils sont condamnés à mort. Déjà le peloton d'exécution chargeait ses armes, quand les instances du sous-préfet sauvent les infortunés d'une mort certaine. (*Vouvray*, S.)

— A ce moment le gros de l'armée évacue le département ; mais le système continue jusqu'au bout. Le 26, à *Courgenard*, un coup de feu ayant été tiré dans la campagne, plusieurs habitants sont emmenés prisonniers jusqu'à Authon. Un petit cortége arrive à cet instant dans le bourg, pour le baptême d'un enfant. Il se compose du parrain, de la marraine, du père de celle-ci et de la sage-femme : les deux hommes sont aussitôt saisis et joints aux autres otages. (*Pr.*)

— Un détachement de trois mille hommes est resté en arrière sur la route du Mans. Voici comment il sait se protéger. Le 29, un escadron de cavalerie française ainsi que cinq cents francs-tireurs viennent occuper le bourg de *Connerré* et accueillent dans la matinée une reconnaissance ennemie par des coups de fusil. S'attendant à un retour offensif, ils fortifient aussitôt les abords du bourg par des tranchées. Mais, dans la nuit, un ordre venu du camp de Saint-Mars-la-Brière les force à se retirer. Le 30 au matin, la colonne allemande arrive tout entière (colonel von Raoch). Le bourg de Connerré est imposé à une contribution de 5,000 francs, en punition de l'attaque du 29 et des tranchées faites sur la route. Jusqu'à ce qu'elle soit payée intégralement, le maire est gardé en otage et délivré seulement à 4 heures du soir. (*Pr.*)

Le lendemain, 1er décembre, la colonne allemande part précipitamment dans la direction de Montmirail. C'est le moment en effet où le département doit être évacué.

— Pendant le mois de décembre, quelques reconnaissances ou quelques partis envoyés en réquisition sont signalés de temps en temps du côté de La Ferté et de Montmirail. Ces incursions sont rapides et sans importance : les forces allemandes sont alors occupées aux combats d'Orléans et des lignes de Josnes. — Mais à la fin de décembre il en est autrement. A ce moment la deuxième armée de la Loire, après avoir fait tête à l'ennemi une dernière fois à Vendôme, le 15, se replie sur Le Mans. Frédéric-Charles, renonçant à la poursuivre plus loin avec toutes ses forces, se contente d'envoyer des colonnes plus ou moins importantes sur ses flancs, au nord et au sud, pour la harceler et pousser aussi loin que possible les reconnaissances. Une de ces colonnes arrive à Montmirail dès le 18, et occupe pendant quatre jours ce canton ainsi qu'une partie de ceux de La Ferté et de Vibraye. Ses détachements fouillent tout le pays, pour le piller de nouveau, et sont tellement près des Français que souvent il ne s'écoule pas plus d'une heure entre le départ de ceux-ci et l'arrivée de ceux-là. (*Enq., passim.*)

Cette courte invasion se signale par les déprédations et les violences habituelles; nous trouvons dans l'enquête les deux faits suivants qui méritent d'être rapportés.

— Le 20 décembre, le 21ᵉ corps, effectuant sa retraite, se trouve à la hauteur de *Lavaré* et de *Semur*. A 11 heures du matin, le bourg de Lavaré est évacué par les Français. A midi, une colonne allemande, partie de Vibraye, forte d'environ huit cents hommes, y fait son entrée et marque ses logements. Tout d'un coup, à 1 heure, les Allemands battent la générale et courent aux armes. C'est un engagement qui vient de commencer entre Semur et Lavaré avec deux cent quarante Français restés à l'arrière-garde. Ici, laissons la parole à M. le maire de Lavaré : « Les Prussiens, écrit-il, vinrent me « chercher à la mairie. Agé de soixante-neuf ans, très-souf- « frant depuis longtemps, ils me firent prisonnier et, à coup « de crosse de fusil, ils me firent faire une demi-lieue à pied; « quand enfin ils me virent épuisé, quatre Prussiens me « jetèrent comme un ballot sur un fourgon et me tinrent « pendant deux heures et demie entre leur feu et celui des « francs-tireurs ; puis ils me firent battre tous les environs de « nos bois et de la forêt de Vibraye, me menaçant toujours « de me faire *capout*. Enfin, après huit heures et demie de « souffrances, ils me ramenèrent à moitié chemin de Lavaré « à Vibraye, sur la grand'route, tinrent conseil et me firent « descendre du fourgon. Je me croyais encore menacé de « mort. Le colonel ou commandant me frappa sur l'épaule, en

« me disant : Maire, pas peur, brave. — *Fourt* au village tout « de suite. » (*Lavaré*, S. ; *Semur*, Pr.)

Après cet exploit, la colonne allemande se retire définitivement sur Vibraye et au delà.

— L'autre fait se passe dans les environs de La Ferté. Le 20 décembre, cinq mille Prussiens prennent position dans cette ville et aux environs. Des postes avancés sont établis partout avec soin, car les Français ne sont pas loin : une colonne mobile du 21e corps se trouve à Sceaux, à 9 kilom. (*Chanzy*, *p.* 255 — *Enq.*, *passim.*) — Dans la nuit du 21 au 22, un de ces postes, formé de vingt-sept cuirassiers blancs, établi dans la ferme du *Brisson*, près de la grand'route, à 1 kilomètre des cantonnements prussiens, est l'objet d'un coup de main. Un détachement français (mobiles et troupes de ligne), après avoir tiré sur la sentinelle, surprend endormis tous les hommes du poste, en tue neuf et fait prisonniers les dix-sept autres. Mais quatre officiers couchés au château parviennent à s'échapper. — Le lendemain les Prussiens arrivent en forces. Ils commencent par enlever avec soin du château les objets les plus précieux; puis le feu y est allumé, ainsi qu'à la ferme, et soigneusement entretenu avec du pétrole, pendant plus de vingt-quatre heures. — Pour faire disparaître les traces de l'événement de la veille, les cadavres des cuirassiers tués dans l'attaque sont placés dans la grange, au sommet d'un tas de paille, auquel on met le feu, de façon à les carboniser entièrement. — Pendant ce temps, le fermier du Brisson, qui avait couché au château avec les officiers, est garrotté ; quatre autres prisonniers sont faits au hasard dans les environs ; et quand l'incendie a achevé son œuvre, on les conduit à Cherré. Ils y passent vingt-quatre heures, en butte à des rigueurs « inimaginables », dit M. le maire de Cherré, et sans aucune nourriture ; après quoi on les relâche. Quant au fermier, condamné à mort par un conseil de guerre, il aurait évidemment été fusillé, si le général Chanzy n'eût fait prévenir les Prussiens que les dix-sept cuirassiers faits prisonniers seraient mis à mort, dans le cas où la condamnation serait exécutée. Aussi, quelque temps après, était-il mis en liberté, après avoir subi de véritables tortures et avoir été conduit jusqu'en Beauce. — (*S.*, *n*° 36; *Cherré*, Pr.)

Les Prussiens ne devaient pas rester longtemps, cette fois encore, dans cette partie du département. Une colonne mobile du 21e corps, s'avançant le 23 par la vallée de l'Huisne, décide l'ennemi à évacuer le même jour tous les points occupés.

— Mais un peu plus tard, une incursion ennemie a encore lieu à *Saint-Calais*. Quelques éclaireurs seulement défendaient la ville. Tout d'un coup, le 25 décembre, un parti prussien, composé de cavalerie, infanterie et artillerie, venant de Vendôme par Epuisay, se présente; quelques coups de fusil sont échangés: mais les Français sont presqu'immédiatement obligés de battre en retraite. La ville mérite évidemment un châtiment. Après l'avoir bombardée un instant, les Prussiens s'y précipitent. Une heure de pillage accordée aux troupes leur permet d'achever la ruine des habitants ; et en même temps une contribution pénale de 17,000 francs est imposée à la ville. Quelques heures plus tard, la bande se hâtait de disparaître, emportant son argent et son butin (1). Disons en passant que les localités voisines de Loir-et-Cher n'étaient pas plus épargnées; c'est le surlendemain qu'une colonne allemande cherchait à brûler Troo et Sougé, et en emmenait *cinquante* otages (2) !

Les deux premières invasions ont, on peut le dire, un caractère particulier : ce sont des incursions ou des diversions rapides. Dans le mois de janvier, la Sarthe est, au contraire, le théâtre d'opérations de guerre sur une grande échelle. Frédéric-Charles, avec quatre corps d'armée, vient attaquer la deuxième

(1) C'est ce pillage de Saint-Calais qui motiva la protestation envoyée à cette époque par le général Chanzy au général allemand (V. Chanzy, p. 2[illegible]9).

(2) V. Rüstow, t. II, p. 183.

armée de la Loire, retranchée dans les environs du Mans. Pendant quatre jours, deux cent mille hommes sont aux prises, se livrant, sur tous les points, de sérieux combats. C'est bien alors que la population civile ne pèse d'aucun poids dans la balance. Moins que jamais l'ennemi pourra prétendre qu'elle se défend, qu'il y a à craindre de sa part des hostilités dangereuses ; moins que jamais il pourra dire que, dans cette lutte courte et décisive de deux armées, des représailles envers la population civile peuvent faire partie des exigences de la guerre.

Voici les faits appartenant à cette période que nous trouvons à signaler dans l'enquête.

— Le Xe corps, placé à la gauche de l'armée allemande, refoulant les colonnes mobiles françaises depuis deux jours, entre à *Poncé* le 28 janvier, se dirigeant sur La Chartre. La route de cette ville est défendue par les mobiles de la Charente-Inférieure, qui retardent par un combat de mousqueterie la marche de l'ennemi. Dans ces circonstances, des coups de feu sont tirés, on ne sait par qui, sur les Allemands dans le voisinage de l'usine à papier de Poncé. Aussitôt le propriétaire et un certain nombre d'ouvriers de l'usine sont saisis et conduits à La Chartre. (*S.*)

— Le IIIe corps prussien, marchant sur Le Mans à droite et à gauche de la route de Saint-Calais et Bouloire, se heurte avec l'armée française le 9 janvier à *Ardenay*. La 6e division de ce corps (général de Buddenbrock), livre à une partie du 17e corps français un combat très-vif autour du bourg, pendant toute l'après-midi, jusqu'à 7 heures du soir, heure où nos troupes battent définitivement en retraite. Les Allemands passent la nuit dans le bourg. Le lendemain, les cruautés commencent, sous le prétexte que le clocher de l'église porte à son sommet un drapeau rouge et que c'est un signal convenu avec l'armée française. Ce prétendu drapeau rouge n'est autre qu'une girouette en tôle, jadis tricolore et devenue rougeâtre par l'action de la rouille. Sous ce prétexte, plusieurs habitants ont à subir des mauvais traitements ; le curé est arrêté dans l'église, conduit en sabots, — on lui refuse de prendre des souliers, — par les routes couvertes de neige durcie, jusqu'auprès de Paris, où il n'est relâché que quinze jours après. (*Pr.*)

— Le 9 janvier, une colonne allemande se jette entre le 21ᵉ corps, qui combat à Thorigné et Connerré, et le 17ᵉ qui est engagé à Ardenay. C'est ainsi qu'un détachement de cinq cents hommes arrive le soir à *Nuillé-le-Jalais*, à 6 kilomètres à peu près de Connerré et de Thorigné, aux environs desquels le 21ᵉ corps se trouve encore. Dans la nuit, quelques coups de fusil sont tirés sur les sentinelles allemandes par des soldats français. Aussitôt les officiers s'emparent du maire, le maltraitent, en prétendant qu'il doit savoir où sont « les francs-tireurs » et le contraignent à marcher en tête de la colonne qui s'avance du côté des coups de fusil ; heureusement quelques soldats, moins inhumains que leurs officiers, lui facilitent l'occasion de s'échapper. (*Pr.*)

— Le 10 janvier, avant le jour, le XIIIᵉ corps allemand (grand-duc de Mecklembourg), vient occuper le bourg de *Connerré*, évacué dans la nuit par nos troupes, à la suite des combats du 9. Les Allemands vont prendre position sur une butte qui domine la vallée, près du bourg, du côté du Mans ; c'est leur quartier général, pendant que deux de leurs divisions vont livrer des combats dans la vallée, à Pont-de-Gennes et du côté de Beillé. Pour être plus en sûreté, il leur faut un otage : un officier de gendarmerie va, dès le premier moment de leur arrivée, chercher le maire de Connerré, et après avoir déployé contre lui un luxe de brutalités destiné à intimider la population, il l'emmène sur la butte. Là on le retient jusqu'à dix heures du matin, sans aucune explication ; à cette heure il est reconduit chez lui, mais gardé à vue par un officier d'ordonnance du grand-duc. (*Pr.*)

— Le même jour, 10 janvier, la 2ᵉ division du 21ᵉ corps français occupe les hauteurs de Lombron et La Chapelle-Saint-Remy, ce dernier bourg à 2 kilomètres 1/2 de *Saint-*

Célerin-le-Géré. Un combat a même lieu de l'autre côté de La Chapelle, ce jour-là. A midi, un détachement allemand venant de Torcé et de Bonnétable entre dans Saint-Célerin, demande s'il y a des soldats français, menaçant de l'incendie s'il s'en trouve, fait des réquisitions, puis repart pour Torcé.

Le soir, le général Collin envoie un bataillon de mobiles de l'Orne occuper Saint-Célerin.

Le 11, on se bat avec acharnement sur tout le front des deux armées. A midi, une colonne allemande de deux mille cinq cents hommes environ, reparaît devant le bourg, venant encore de Torcé. Son avant-garde essuie la décharge du poste avancé des mobiles. (V. sur la position des troupes: *Chanzy*, *p.* 312; *Enquête, passim*.) Un combat s'engage ; les Allemands cernent le bourg et pénètrent dans les maisons pour tirer à couvert sur les mobiles par les greniers. Au bout d'une heure, les Français, sur le point d'être enveloppés, battent en retraite, laissant environ trois fois plus d'hommes tués ou blessés que les Allemands n'en ont eux-mêmes. — Aussitôt ceux-ci se mettent à fouiller les maisons en proférant toute sorte de menaces. « Un malheureux mobile qui n'a pu suivre sa compagnie « en retraite est fusillé à bout portant, quoique implorant « grâce, après avoir jeté son fusil. Les mobiles blessés qui ont « pu marcher ou se traîner ont trouvé asile au presbytère et « dans l'auberge Fagot ; les Prussiens entrent, les menacent « encore de leurs baïonnettes et les contraignent de sortir « dans la rue : ces malheureux blessés, dont plus d'un est « frappé mortellement, teignent la neige de leur sang. Le curé « de la paroisse, vieillard de soixante-quinze ans, en butte à « leurs mauvais traitements, est jeté dans la neige en s'en- « fuyant à la campagne. . . . Enfin, sept hommes du bourg « (suivent les noms dans le rapport) sont emmenés comme « francs-tireurs jusqu'à Illiers, près de Chartres, où ils parvien- « nent à leur échapper. . Après le combat, le pillage. Les « chariots s'emplissent de couvertures, de draps. . . . . Tout « est enlevé ; des montres, de l'argenterie, des bijoux de

« femme, de l'argent et de l'or sont pris dans les armoires, « dans les placards, dont toutes les serrures sont brisées, et « jusque dans les poches des gens. » (*S.*, *n°* 21.)

— Le bourg de *Bessé*, envahi dès le 8 janvier, est occupé le 10 par deux mille hommes environ. Aucun acte d'hostilité n'a été commis ; aucun même n'est articulé. Ce jour-là pourtant, le commandant du détachement fait venir le maire et le somme de lui désigner six notables pour servir d'otages. « C'est une néces- « sité, dit-il ; *d'après le réglement, je suis obligé de prendre* « *cette précaution*, parce que je suis prévenu que cette nuit « nous serons attaqués par des francs-tireurs. » Le maire s'indigne, refuse et se propose lui-même comme otage. On le prend bien entendu aussitôt, et on lui adjoint le curé ainsi que trois autres habitants. Jusqu'au lendemain matin, les otages sont enfermés à la mairie, recevant les injures et les menaces de mort de tous les arrivants. — A la même heure, des soldats pénètrent chez une femme veuve, âgée de soixante-six ans, prétendant qu'elle loge des francs-tireurs ; elle est emmenée aussi à la mairie, ainsi que son fils et une jeune fille ; eux aussi sont pendant toute la nuit menacés de mort. (*S.*, *n°s 4 et* 30.)

— L'ordre chronologique nous conduit maintenant à reparler de la contribution « pénale » imposée à la ville du Mans, soi-disant à raison des faits du 12 janvier. Puisque telle a été la qualification officielle de cette imposition, il faut rappeler ici brièvement les épisodes de cette journée, pour faire ressortir l'absence complète de griefs des Prussiens dans cette circonstance, comme dans les autres.

La retraite de l'armée française, devenue nécessaire par la perte de la Tuilerie, dans la soirée de la veille, commence le 12, à 8 heures du matin. C'est une opération difficile, car la moitié de l'armée, de l'artillerie, des convois, est obligée de traverser les rues de la ville sur un parcours étendu, et de passer la Sarthe presque exclusivement sur un seul pont. Mais l'amiral Jauréguiberry sait masquer, au moins en partie, son mouvement aux Allemands, qui ne paraissent connaître encore qu'une partie de la vérité. Ils avancent toujours néanmoins par les routes de Parigné et d'Ecommoy ; à partir de 11 heures, leurs obus arrivent dans le faubourg de Pontlieue. A 2 heures, ils en sont à l'entrée, près du pont de l'Huisne ; mais les gendarmes du général Bourdillon, établis sur ce point avec deux mitrailleuses, les arrêtent pendant près d'une heure, au prix des pertes les plus grandes. A la fin, cette courageuse résistance est vaincue et l'ennemi pénètre dans le faubourg en passant sur le pont, qu'on a essayé, mais en vain, de faire sauter, puis bientôt après dans le cœur de la ville. Plusieurs quartiers sont à ce moment à peu près déserts ; on ne voit, dans les rues couvertes de neige, que quelques habitants inquiets regagnant leurs maisons, ou des groupes de soldats français à demi-morts de fatigue, prêts à se laisser faire prisonniers. Les Allemands pénètrent en courant dans ces quartiers, tirant à chaque instant des coups de fusil auxquels personne ne répond. Mais sur d'autres points, notamment dans la rue Basse, sur la place des Halles, il y a une lutte véritable. En effet, l'armée française n'a pas eu encore le temps à ce moment de passer tout entière la Sarthe. Il reste dans les rues qui aboutissent aux ponts quelques troupes, des canons, et surtout beaucoup de voitures des convois. Un certain nombre de soldats français, abrités derrière ces voitures, arrêtent assez longtemps l'ennemi par un feu de mousqueterie, pour qu'il ne puisse s'opposer à la retraite des dernières troupes et des derniers canons. Il paraîtrait qu'alors, dans ce quartier, quelques habitants auraient fait le coup de feu aux côtés des troupes françaises. Mais, en dehors de ces cas isolés de résistance, la population se borne à assister, anxieuse, à ce qui se passe. La garde nationale, invitée à son de caisse, vers midi, à porter ses armes à la mairie, garde également une attitude passive. L'administration municipale, qui n'a pu rien organiser, puisque c'était l'autorité militaire française qui avait partout droit de commander, est à son poste, à l'hôtel de ville, attendant la fin de la lutte.

Cependant les Allemands arrivent à flots plus pressés. Leur artillerie lance des obus dans le centre de la ville, dans tous les quartiers. Vers 3 heures, ils arrivent sous les fenêtres de de l'hôtel de ville, tirant sans cesse dans toutes les directions. La municipalité se porte alors, avec le drapeau parlementaire, à la rencontre du général allemand, sans savoir au juste où il se trouve. Elle va ainsi jusqu'à une extrémité de la ville, au carrefour de la Mission. Là se tient le général Voigts-Rhetz, commandant du Xe corps, qui paraît l'y attendre.

Il la reçoit durement : « Vous arrivez bien tard, dit-il. — « Je vous ai cependant envoyé des obus pour vous prévenir - « votre ville a résisté, les habitants ont tiré sur mes soldats « par les fenêtres,— ce sont des assassinats. – adressez-vous « à mon major pour connaître mes conditions. » Le major déclare à son tour : « que la ville payera quatre millions de « contribution, qu'elle nourrira convenablement les troupes « allemandes et qu'elle évitera ainsi le *pillage et le bombar- « dement.* » Au même moment, on peut apercevoir dans la rue Basse, la fumée de l'incendie : les Allemands ont mis le feu à une maison, des fenêtres de laquelle des coups de fusil auraient été tirés, et l'incendie, que les soldats sont chargés d'empêcher d'éteindre, consume sept maisons.

Tels sont les épisodes de la prise du Mans, d'après les meilleures sources d'information (1). Ainsi, c'est cet épilogue d'une bataille de trois jours, ce combat d'arrière-garde, ces quelques coups de feu tirés peut-être par des habitants au milieu de la mêlée ; ce sont, en un mot, ces incidents absolument inévitables de la retraite d'une armée à travers une ville de quarante-cinq mille âmes, d'une grande étendue, qui sont imputés à crime par les Prussiens à la cité tout entière. Après avoir, en peu de temps, triomphé du dernier et loyal effort de résistance de l'armée vaincue, envoyé leurs obus au cœur de la ville, tué ou blessé plusieurs habitants, incendié des

(1) V. Chanzy ; Rüstow ; Mallet, *Bataille du Mans;* procès-verbaux du conseil municipal, etc.

maisons, ils viennent lui dire qu'elle a mérité le pillage et le bombardement; ils osent présenter comme une concession l'imposition de quatre millions de contribution « pénale! »

La bataille gagnée et l'armée de la Loire battant précipitamment en retraite, Frédéric-Charles organise immédiatement la poursuite, au nord, à l'ouest et au sud-ouest.

Les colonnes qu'il envoie dans ce but pratiquent, au milieu de leur triomphe, le système habituel d'intimidation.

Voici, par exemple, deux faits signalés du côté de Mamers. — Le 13 janvier au soir, les dernières troupes françaises (francs-tireurs Lipowski et mobilisés de l'Orne) ont évacué cette région, se dirigeant sur Alençon. Le 14, une colonne prussienne arrive de Bellesme. Le 15, jour du combat d'Alençon, elle s'avance de ce côté par la grand'route.

La colonne s'attend sans doute à une résistance au passage de la forêt, qui n'est pourtant aucunement défendue. Elle prend en conséquence ses précautions. S'arrêtant sur la butte de Chaumitton, elle lance des obus sur le bourg de Neufchâtel, situé à l'entrée de la forêt ; puis envoie se procurer des otages dans les environs, qui dépendent de la commune du *Val.* La battue faite dans les fermes en fournit *huit* qui sont traînés jusqu'à Alençon, où l'on se bat encore. Les Prussiens ne peuvent entrer que le lendemain dans la ville : les otages y restent six jours, renfermés presque sans feu et sans nourriture, et ne sont délivrés, au bout de ce temps, que sur les pressantes instances de leur maire. (*Pr.*)

— Ce même jour, 15 janvier, un parti de dragons explore les routes à l'est de la forêt. Ils passent aux *Aulneaux* à l'heure de la grand'messe, et, sous prétexte qu'un coup de feu a été tiré sur eux dans la campagne par un franc-tireur, ils font plusieurs décharges, dont une blesse dangereusement un habitant. La paroisse est réunie à l'église, dont la porte est ouverte ; en passant ils envoient une volée de coups de fusil au milieu de la nef.

Le curé est saisi et traîné pendant un demi-kilomètre à leur suite. Puis c'est le tour du maire : l'officier lui demande mille francs, ou le feu sera mis chez lui. Celui-ci ne peut donner que cent francs ; après les avoir pris, l'officier envoie deux soldats mettre le feu à sa maison ; puis il s'éloigne, emmenant le maire prisonnier jusqu'à Aillères. En partant, cinq soldats sont laissés en faction devant la maison, afin d'empêcher d'éteindre le feu. (Pr. *Les Aulneaux; Contilly.*)

— Voici un autre fait, toujours de même nature, qui se passe à l'ouest du département, à *Brains*, le 14 janvier. Ce jour-là, la colonne allemande atteint une division du 16e corps à Longnes, où celle-ci a pris position pour protéger la retraite. Il y a, ce jour-là, un combat qui dure jusqu'au soir. Une lieue à peine avant d'arriver devant les positions françaises, les Allemands reçoivent quelques coups de fusil de tirailleurs embusqués. Immédiatement un habitant qui passe sur la route est arrêté ; ils le forcent à marcher devant eux, sous menace de mort, jusqu'à ce que la fusillade ait cessé. (*Pr.*)

—En voici un maintenant du côté du sud-ouest, à *La Flèche*. Cette fois, ce n'est plus un épisode de la guerre rapide et ardente. La date est du 24 janvier, à un moment où Allemands et Français se bornent à rester à peu près dans leurs positions respectives. La Flèche est, de ce côté du département, le point extrême de l'occupation pour les uns et pour les autres. Les Allemands y viennent en reconnaissance du 17 au 24 : mais ils ne s'y établissent pas, car les Français (colonne du général de Curten) occupent les environs dans les directions de Beaugé et Durtal ; le 21, par exemple, une colonne de deux mille Allemands, mise en émoi par les éclaireurs français, à son arrivée dans la ville, y commence des retranchements en prévision d'une attaque, puis se retire sur Sablé.

C'est dans ces circonstances que Français et Allemands se rencontrent le 24 à La Flèche. Ce jour-là, une colonne allemande de quinze cents hommes arrive en vue de la ville, venant par la route de Malicorne. Elle s'établit avec son artillerie sur les hauteurs de Saint-Germain, qui dominent la vallée où est assise La Flèche, à une distance de 3 kilomètres environ, à vol d'oiseau ; une avant-garde de cavaliers est envoyée dans la ville, où elle commande des logements et fait des réquisitions. Il est alors 11 heures. A midi et demi, une reconnaissance française arrive à son tour par la route de Durtal : elle est composée de cinquante soldats de ligne environ, commandés par un sous-lieutenant. Les cavaliers prussiens se hâtent de fuir ; mais, au préalable, ils vont à l'hôtel de ville, s'emparent du maire, de deux conseillers municipaux, de trois autres personnes encore et les emmènent rapidement du côté de Saint-Germain, comme otages, responsables de l'agression. — Cependant la petite troupe française continue d'avancer dans la même direction, au-devant de l'ennemi. Des hauteurs où il est établi, celui-ci fait pleuvoir sur elle ses obus, qui tuent, entre autres, l'officier qui la commande. Ce n'est pas suffisant, paraît-il ; le commandant prussien (colonel de Drygalski) envoie alors un de ses otages en parlementaire, pour annoncer de sa part que, si les Français n'évacuent pas immédiatement La Flèche, la ville sera incendiée. — A ce moment même, la reconnaissance française, constatant l'impossibilité d'aller plus loin et ayant accompli sa mission, revient sur ses pas. Les quinze cents Allemands se décident alors à quitter leur observatoire et à entrer dans la ville, tout en gardant les otages qui ne sont relâchés que deux heures après. Le lendemain, la ville de La Flèche était punie de son acte manifeste d'hostilité par l'imposition d'une contribution de guerre de 350,000 francs, payable dans quelques heures. (*S.*, *n*° 15 ; *Pr.*)

— A l'extrémité opposée du département, des faits plus graves encore sont signalés à la même époque. A ce moment, le grand-duc de Mecklembourg a quitté Alençon avec son corps d'armée, se dirigeant sur Rouen. Ce mouvement, entrevu tout au moins par les Français, leur fait pousser plus loin leurs reconnaissances sur le cours supérieur de la Sarthe. Mais d'un autre côté, ilimporte auxPrussiens de dissimuler leur mouvement en faisant des démonstrations du même côté. C'est dans ces circonstances que se passent les faits suivants dans le pays de *Saint-Paul-le-Gaultier* et de *Sougé-le-Ganelon*, qui n'est pas occupé par les Allemands, mais seulement visité par des reconnaissances de cavalerie venant de Beaumont ou de Fresnay tous les jours depuis le 17 janvier. — Le 22, une de ces reconnaissances est accueillie, dans le département de la Mayenne, sur la commune de Gesvres, limitrophe de la Sarthe, par les coups de fusil d'un détachement français (mobilisés de la Mayenne). Les Allemands, revenant alors sur leurs pas, et passant à Saint-Paul-le-Gaultier, s'emparent aussitôt du maire, ainsi que d'un autre habitant et les conduisent à Beaumont, où ils subissent, pendant huit jours, jusqu'à l'armistice, une dure captivité.

Le 23, les Français s'avancent plus loin. Une vingtaine de francs-tireurs vont jusqu'à Sougé-le-Ganelon, tirent sur la reconnaissance allemande qui s'y trouve, puis se retirent. Les Allemands ne tardent pas à en faire autant, mais en déclarant que, dans le cas d'une seconde attaque, le bourg sera incendié.

Le 24, les Allemands organisent une expédition plus sérieuse. Il faut affirmer sa force et faire de l'intimidation. Une colonne de sept cents hommes, cavaliers et fantassins, est chargée d'opérer dans ce pays, où les Français sont trop audacieux. Le long de sa route, les cultivateurs qu'elle rencontre sont saisis, attachés les uns à la suite des autres par une grande corde et contraints à suivre la colonne à force coups de plat de sabre. Quand elle arrive à Saint-Paul-le-Gaultier, il y a vingt otages ainsi attachés à la file. A Saint-Paul, dix voitures sont réquisitionnées pour ramener le butin qu'on déclare vouloir aller chercher du côté de Gesvres. Mais tout d'un coup la direction de la colonne est changée ; elle se dirige sur Sougé-le-Ganelon. C'est qu'il y a de ce côté un acte de haute justice à faire. En effet, les francs-tireurs de la veille sont revenus, vers 2 heures, à Sougé, et, se postant en avant du bourg, ils ont reçu à coups de fusil la reconnaissance prussienne qui a dû tourner bride, sans avoir reçu d'ailleurs plus de dommage que la veille. Trois heures après cet exploit, la colonne expéditionnaire arrive à Sougé, à la nuit tombante, avec ses otages. Aussitôt l'officier supérieur qui la commande saisit le maire au collet, et le fait emmener par ses hommes, qui l'accablent de coups de crosse ; puis les incendiaires commencent leur œuvre. Le feu est mis à *cinquante-trois* bâtiments ; vingt d'entre eux résistent ; mais trente-trois brûlent à souhait. Epouvantés, les habitants fuient de tous côtés dans la nuit : c'est le moment choisi pour une vive fusillade à laquelle se livre, dans toutes les directions, la troupe allemande. Un mobile malade dans une maison en est arraché et tué à coups de sabre ; un de leurs otages est également massacré. (*Pr., Saint-Paul et Sougé.*)

Cette sanglante exécution était précieuse. Sougé est en effet situé sur une hauteur, et dans une position telle qu'on le voit de plusieurs lieues à la ronde dans le pays. Aussi l'incendie du 24 est-il aperçu de tous côtés dans la nuit, propageant une salutaire terreur et rassurant complètement les soldats allemands. Ils en profitent. Moitron, par exemple, à trois lieues de là, dans un pays légèrement accidenté, n'avait jusque-là vu que deux uhlans, le 15 janvier. Mais, le 24, on y voit la lueur de l'incendie de Sougé et, le 25, un petit détachement allemand s'empresse d'y aller en réquisition, menaçant du pillage et de l'incendie s'il y a des francs-tireurs. Les soldats tiennent ces propos au presbytère : « Nous avons brûlé dix-sept maisons « hier à Sougé ; il y avait dans ces maisons des petits enfants « qui criaient ; mais cela ne nous empêchait pas de mettre le « feu......., nous voulions tout brûler... » (*S.*, *n°* 3.)

On voit assez clairement, par les différents faits que nous venons de rapporter d'après l'enquête, quel usage l'autorité militaire prussienne a su faire du droit de représailles, et combien de fois, sous le couvert de ce nom, les lois de la guerre ont été systématiquement violées par elle. Et cependant, nous ne connaissons pas tout ; car, ainsi que nous l'avons dit, l'enquête contient beaucoup de lacunes, et ce n'est pas toujours — nous le savons positivement, — faute de faits particuliers et graves à signaler sur leur territoire que plusieurs communes n'ont pas fourni leur contingent de renseignements. Enfin, nous avons laissé volontairement de côté certains faits où il n'y avait à signaler que des menaces dont la mise à exécution avait été imminente, faits qui ont cependant leur valeur dans l'étude d'un système d'intimidation. (V. p. ex. *S.*, *n*° 38 ; ***Pr.***, ***Sillé-le-Philippe.***)

Nous avons terminé l'étude que nous nous étions proposée des actes de l'autorité prussienne dans notre département, de ceux du moins que notre enquête pouvait faire connaître.

Ce retour sur un triste et sanglant passé nous a fait assister à bien des épisodes douloureux, à bien des maux soufferts par la population. Mais nous avons cherché à nous prémunir contre l'impression pénible qui se dégage d'un semblable spectacle et qui pousse instinctivement à confondre dans la même réprobation tous les actes de l'ennemi, légitimes ou non, accidentels ou systématiques, sans se souvenir que toute guerre entraîne forcément avec elle un long cortége de maux de toute nature : nous nous sommes efforcé de juger froidement et scientifiquement en quelque sorte tous les actes que nous passions en revue.

Nous croyons donc pouvoir, en sûreté de conscience, affirmer, comme conclusion générale de notre étude, que les Prussiens ont, en plusieurs circonstances, violé, tantôt certaines règles incontestées du droit des gens, en déguisant alors l'infraction commise, tantôt, d'une façon ouverte, certains principes qui, pour n'être pas aussi fortement consacrés peut-être, n'en sont pas moins chers à l'opinion politique moderne tout entière, et cela à bon droit, puisque leur caractère plus humain est essentiellement compatible avec les nécessités de la guerre.

De plus, ces violations formelles, quoique dissimulées, des lois de la guerre, ou ces procédés ostensibles empruntés à des doctrines d'un autre âge, ne sont pas des actes isolés, individuels et sans portée. C'est bien l'autorité militaire prussienne en général, le système prussien, si l'on veut, qui en sont responsables. Des déclarations fort nettes, dans bien des cas ; la reproduction des mêmes faits aux différentes époques de l'invasion, dans des circonstances différentes, quels que soient les corps d'armée et leurs chefs, — tout nous l'a prouvé, pour la grande majorité au moins des actes que nous avons rapportés.

On peut remarquer que ces abus systématiques de la force ont un caractère commun : ils se résument à peu près tous dans la violation plus ou moins accusée de ce principe de la neutralité de la population civile, que nous rappelions au début de notre étude.

Ce principe, redisons-le encore, ne signifie pas que la population doit rester à l'abri des conséquences de la guerre, et que tous les maux dont elle peut avoir à souffrir sont illégitimes. — Mais il veut dire que c'est seulement par exception, quand les conditions *nécessaires* et *essentielles* de la guerre l'exigent, que sa sécurité ou sa fortune peuvent être légitimement atteintes. Le simple *intérêt* de l'ennemi ne suffit pas à autoriser l'emploi de la force vis-à-vis d'elle, car les personnes ne sont pas à sa discrétion et les biens ne lui appartiennent pas, comme on l'admettait plus ou moins autrefois. Il en est, en d'autres termes, de l'habitant comme du soldat qui rend les armes : le prisonnier de guerre est inviolable, mais il doit cependant souffrir toutes les mesures nécessaires que la situation comporte à son égard.

Il ne faut pas l'oublier : la population civile a un droit absolu à invoquer cette prérogative qui la soustrait à une partie des dangers réservés aux combattants : on ne la lui a concédée en effet, qu'en lui retirant un droit — comme au combattant qui s'est rendu — le droit de prendre part aux hostilités. Si l'on veut qu'elle continue à être à la discrétion du vainqueur, comme autrefois, il faut aussi lui laisser la faculté de se battre et de défendre ses foyers contre l'étranger par tous les moyens en son pouvoir. La neutralité a deux faces qu'on ne peut séparer l'une de l'autre.

Or, le reproche le plus grave qu'on puisse faire au système prussien, c'est précisément d'avoir voulu les séparer. Nul plus que lui ne sait se prévaloir du droit moderne, quand il s'agit d'empêcher la population de prendre part aux hostilités. Nul n'interprète plus rigoureusement cette partie du principe de neutralité et n'invoque plus haut « les lois de la guerre » pour punir sans pitié la plus légère infraction à cet égard. Le pays qui sut si bien en 1813 organiser le soulèvement national et prêcher l'extermination de l'étranger *per fas et nefas* (1), ne reconnaît pas au peuple français, non-seulement le droit d'obéir à la levée en masse, mais même souvent le devoir de ne pas trahir sa patrie : il ne cesse de feindre l'indignation, de crier à l'assassinat, au brigandage, à l'absence de sens moral, pour les actes les plus insignifiants, et souvent les actes les plus légitimes.

Mais l'autre partie du principe est complétement mise de côté. Le système prussien ne tient aucun compte de la population civile, dès qu'il voit à violer ses droits un avantage quelconque, fût-il le plus léger ou le plus indirect. Autoriser tacitement le pillage, les rapines, dans une certaine mesure, pour soutenir le moral fatigué des soldats, — laisser faire les réquisitions sans aucune garantie; pratiquer souvent et professer toujours le droit de prendre, sous ce nom, tout ce qui est à la convenance de l'ennemi, en argent ou en nature, sans limites d'aucune espèce, — ordonner, comme repré-

(1) V. l'ordonnance royale rendue en 1813 et qui oblige tout Prussien à « faire tout le mal qu'il peut à l'ennemi ».. « autorise et sanctionne tous les moyens ; les plus décisifs étant les meilleurs. »

sailles ou mesures préventives légitimes, le pillage, l'incendie et surtout l'enlèvement des otages, d'une façon usuelle et régulière, parce que ces mesures rassurent l'armée, gênent l'action de certaines troupes françaises, et entravent la France dans ses moyens de défense, — enfin accepter comme un moyen de guerre naturel et légitime, auxiliaire indirect des succès militaires, l'oppression du pays sous ces différentes formes, — tout cela pour les Prussiens ne coûte point à faire ou à proclamer. Dès lors qu'il peut y avoir une utilité quelconque à frapper la population, tout scrupule disparaît. Seulement ce même sentiment de l'utile commande une certaine prudence et une certaine réserve : il ne faut ni indigner trop l'opinion publique extérieure, ni provoquer un soulèvement national. On a pu voir la trace de cette préoccupation dans plusieurs circonstances, notamment dans les ménagements relatifs de l'ennemi à l'égard des villes. Il n'en est pas moins constant que le système prussien viole absolument le principe de la neutralité de la population civile ou, pour mieux dire, l'interprète de la façon la plus inique ; et c'est là ce que la conscience publique ne doit pas hésiter à flétrir avec énergie.

SECONDE PARTIE

Observations sur le caractère allemand.

C'est une tâche peu aisée de connaître son semblable, ses qualités et ses défauts. C'en est une plus difficile encore, de connaître, non plus un homme, mais un peuple ; de chercher, au milieu de la diversité des caractères et des conditions, les traits communs à la majorité et constitutifs du caractère national. Enfin, quand ce n'est pas pendant la paix que l'occasion se présente d'étudier ce peuple, mais bien à la guerre, c'est-à-dire dans un état violent et anormal qui transforme plus ou moins toutes les natures, qui remonte ou qui descend de plusieurs tons toutes les fibres humaines, les difficultés deviennent plus grandes encore, car il faut savoir dans quelle mesure tenir compte de cet élément de perturbation dans les manifestations du caractère que l'on cherche à analyser.

Aussi n'est-ce point un portrait des Allemands que nous pouvons avoir la prétention de tracer, d'après les observations nécessairement très-incomplètes contenues dans notre enquête. Mais nous croyons possible de dégager, soit des faits dont elle renferme le récit, soit des impressions ressenties par les témoins et qui y sont aussi de temps en temps consignées, quelques traits isolés de ce portrait ; et c'est ce que nous allons maintenant essayer, en nous contentant de légères et rapides indications.

Nous chercherons à ne relever, parmi ces faits ou ces impressions, que ce qui a un caractère général, laissant de côté ce qui n'est qu'accidentel et tenant compte, autant que possible, de toutes les circonstances de nature à atténuer ou à aggraver la portée des actes. Néanmoins, quelque soin qu'on apporte à une tâche semblable, il est impossible de lui laisser un caractère complétement « objectif » et de se dégager de ses idées particulières. On nous permettra peut-être de dire à cet égard quelles sont les nôtres. Nous sommes bien loin d'être hostile aux Allemands pris individuellement. Nous avons appris en effet à les connaître et à apprécier leurs qualités, à une autre époque et dans d'autres circonstances que ces temps douloureux de l'invasion, où chacun voyait l'ennemi s'asseoir en maître à son foyer, et où l'on ne pouvait guère porter un jugement calme sur son compte. Et puis, nous croyons *à priori*, disons-le, que chaque peuple, comme chaque individu, a ses bons et ses mauvais côtés ; qu'il est impossible à l'œil humain d'être assez perspicace pour faire la part exacte des uns et des autres ; qu'on est nécessairement exclusif et partial quand on juge défavorablement toute une nation, et qu'il faut se borner, pour rester dans le vrai, à rechercher quelles sont ses qualités, dont la déviation, comme c'est l'ordinaire pour tout le monde, constitue des défauts, à étudier la pente du caractère, l'inclinaison morale, si l'on peut dire, sans chercher à déterminer ce qui l'emporte dans la balance, des qualités ou des défauts.

— Un pays envahi garde naturellement avant tout le souvenir de ceux des actes de l'ennemi qui ont des conséquences directes pour les personnes et les biens. A-t-il été ou non voleur et violent, c'est le premier point de vue auquel se placent instinctivement les masses pour le juger : c'est celui que nous allons examiner aussi en premier lieu, pour nous régler le plus possible sur l'enquête.

On a été très-frappé, dans la Sarthe, de tout ce que les Allemands ont pris, sous toutes les formes, mais surtout de ce qu'ils ont volé. Les rapports de l'enquête, indulgents ou sévères dans leurs appréciations, s'accordent à peu près tous, ainsi que nous l'avons vu, pour constater ce fait, que les soldats, dans les premiers jours, prennent tout ce qui leur tombe sous la main, mettent une ardeur et une habileté très-grande à exploiter les cachettes, fracturent les meubles, etc. On en cite beaucoup qui font usage de fausses clefs, d'autres qui arrêtent les passants sur la route pour les dévaliser. On remarque assurément des différences notables de conduite entre les différents régiments, les uns pillant davantage, les autres beaucoup moins. Nous pouvons même signaler, en passant, comme s'étant particulièrement distingués dans plusieurs communes par leurs déprédations, les cuirassiers prussiens (ou cuirassiers blancs) et les soldats du train. Mais, en résumé, devant la généralité des faits, une grande partie de l'opinion publique n'a pas hésité à dire : les Allemands sont voleurs.

Pour nous cependant, ces faits n'ont pas une importance bien grande, comme révélation du caractère. En effet, nous sommes convaincu de l'autorisation tacite donnée à ces excès par une partie des officiers, dans les circonstances que nous avons vues plus haut ; l'impunité, l'entraînement causé par l'exemple suffisent dès lors à expliquer au moins une grande partie des déprédations des soldats.

Mais d'autres faits, plus significatifs, semblent confirmer davantage le verdict populaire. Ce sont ceux qui sont à la charge des officiers ; parce que, si l'on peut ne pas s'étonner beaucoup de voir les soldats céder à des tentations trop naturelles, au milieu d'une vie de privations et de fatigues, il n'en est plus de même quand il s'agit des officiers qui, placés par leur situation au-dessus de ces entraînements, doivent être protégés par le sentiment de l'honneur et qui représentent, particulièrement dans l'armée allemande, l'aristocratie de la nation. Si on les voit agir comme les soldats, on a le droit de se demander s'il n'y a pas réellement dans ce fait la révélation d'un côté du caractère national. — Or l'enquête contient à cet égard la preuve de certains faits trop significatifs. Il y a d'abord ces pillages de châteaux organisés et exploités par des officiers, dont nous avons parlé plus haut. Plusieurs rapports trop succincts pour entrer dans des détails, contiennent cette mention faite en passant : que l'on a eu à se plaindre, sous le rapport de la délicatesse et de la probité, des officiers allemands, quelque polis et bien élevés qu'il se soient montrés ordinairement. D'autres rapports contiennent des anecdotes caractéristiques. Ici, c'est un officier qui met dans sa malle vingt chemises fines prises dans la chambre où il loge ; là (à Sargé), c'en est un qui, obligé de promettre un thaler à des voituriers, parce que la ratification des préliminaires de paix ne permet plus les réquisitions, refuse de le leur payer quand le transport est effectué. A Torcé, après le départ de Wittich et de son état-major, on constate qu'ils ont mis dans leurs malles les objets de consommation et de toilette qui étaient dans les chambres. A Juillé, le maire recueille les aveux des soldats qui déclarent que leurs officiers partagent souvent avec eux le fruit de leurs rapines. A Clermont, une vache ayant été réquisitionnée chez un des plus pauvres habitants de la commune, le maire finit, à force d'instances, par la faire restituer, mais il est obligé de donner vingt francs au capitaine de la compagnie.

Quand l'officier allemand est personnellement désintéressé, qu'il s'agit de remplir les coffres de l'armée ou du trésor public, il montre le même empressement ardent et mesquin à dépouiller le pays. — Enfin, en prenant les choses à un point de vue d'ensemble, il est constant que les idées de spoliation, sous différentes formes, n'ont guère cessé d'animer nos ennemis, pendant la dernière guerre.

Mais, ces faits constatés, il faut prendre garde d'aller trop loin dans notre jugement. L'Allemand a pu avoir une politique ou des appétits qui lui ont fait trop souvent prendre, pendant la guerre, ce qui ne lui appartenait pas : ce n'est pas une raison pour conclure à des instincts malhonnêtes de son caractère, en général. Quelque peu *avide*, c'est ainsi que nous l'appellerions volontiers, quant à nous. L'Allemand n'est pas avare; il n'est même pas toujours économe (1); mais il a, développé à un haut degré, le goût du lucre, l'habitude de retirer des circonstances tout le profit qu'elles peuvent rapporter, et, quoi qu'en ait pu dire Mme de Staël, un esprit très-pratique, toutes les fois que son intérêt est en jeu. Ce caractère développe chez lui des qualités précieuses dans bien des cas : tout le monde reconnaît, par exemple, ses aptitudes commerciales et son habileté en affaires. Mais ces mêmes instincts peuvent le pousser aussi, dans certaines circonstances, à exagérer ses droits, à se donner trop facilement raison, quand il s'agit de faire des bénéfices. Or il y a, dans les anciennes traditions du droit de la guerre, une doctrine qui répond merveilleusement à ces instincts : c'est celle du droit de butin, sans réserves et sans distinctions. Sans mécon-

(1) Nous pouvons dire, par exemple, que si les officiers allemands ont beaucoup pris, ils ont aussi beaucoup dépensé, achetant souvent sans regarder au prix, et payant quelquefois des objets de consommation cinq ou six fois leur valeur.

naître absolument les changements introduits par les idées modernes, les Allemands ne s'en sont pas moins placés, d'une façon plus ou moins complète, sous l'égide de l'ancienne doctrine ; et sous cette influence, ils se sont facilement persuadé qu'ils avaient le droit de prendre à peu près tout ce qu'ils voulaient. Une fois engagés dans la guerre, ils l'ont traitée comme ils auraient pu honnêtement traiter, en temps de paix, ce qu'on appelle *une bonne affaire.*

Mais, si ce ne sont pas des instincts malhonnêtes qui ont conduit les Allemands aux spoliations dont nous avons été victimes, on ne saurait méconnaître qu'un peuple ne s'améliore pas en s'enrichissant de ce qui ne lui appartient pas, même quand il s'est persuadé, d'une manière plus ou moins spécieuse, qu'il en avait le droit. Bien volé ne profite guère, et l'Allemagne peut être persuadée que le niveau moral de ses enfants n'a pu que baisser à son contact, pendant et depuis la dernière guerre.

— On n'a pas été frappé seulement, dans la Sarthe, de ce que les Allemands ont emporté, mais aussi de ce qu'ils ont consommé : de là, des accusations de gloutonnerie et d'ivrognerie qui sont très-répandues.

Disons tout de suite qu'elles sont peu fondées, ou que du moins elles méritent une explication. Il est, en effet, indubitable que les différences de climats et de races créent des habitudes et des besoins différents ; et que ce qui est suffisant pour un Français ne l'est pas pour un Allemand, pas plus que ce qui satisfait l'Italien, par exemple, ne peut nous satisfaire. Sous le bénéfice de cette observation, il n'en est pas moins certain que les Allemands ont trop souvent donné le spectacle de l'ivresse au cours de l'occupation. De plus, nous croyons qu'il faut signaler ici le manque de décorum dont font preuve, très-naïvement, les officiers allemands quand il s'agit des plaisirs de la table. Il y a, par exemple, dans les manières de faire et de parler, sur ce chapitre, de l'aide de camp de Frédéric-Charles, manières dont nous avons eu occasion de dire quelques mots, dans celles de beaucoup d'autres officiers, des traits de mœurs qu'on n'oublie pas (1).

— L'opinion publique, que nous avons vue, jusqu'ici, impressionnée partout à peu près de la même manière, n'est au contraire pas toujours unanime, quand il s'agit d'apprécier la conduite des Allemands vis-à-vis des personnes.

Sur un point spécial cependant, on paraît assez d'accord pour la juger favorablement. On dit qu'ils ont généralement respecté les femmes et fait beaucoup moins de mal, sous ce rapport, que d'autres armées n'en auraient pu faire (2). Peut-être y aurait-il lieu de faire quelques réserves au sujet de cette opinion. Ainsi, nous avons relevé dans l'enquête vingt et une communes où des attentats plus ou moins graves ont été

(1) Il faut faire ici l'observation suivante : l'intempérance est beaucoup moins mal vue et mal portée en Allemagne (au moins celle du nord), que le libertinage ; tandis que c'est quelquefois l'inverse en France. C'est peut-être la raison pour laquelle on a remarqué pendant la guerre le premier défaut chez les Allemands, sans songer autant à ce qui pouvait être mis à leur charge sous l'autre point de vue.

(2) On juge par comparaison. L'opinion publique en France est indulgente, *à priori* peut-on dire, pour les excès des Allemands au point de vue en question, parce qu'elle est persuadée que le tempérament français doit les rendre beaucoup plus fréquents dans les rangs de nos armées à l'étranger. C'est peut-être se condamner sans preuves. Il ne s'agit pas ici, en effet, du laisser-aller des mœurs, ou du libertinage ordinaire, mais de faits de violence, ce qui est essentiellement différent. Sans défendre, en ce moment, les habitudes françaises sous le premier rapport, il est permis de ne pas croire qu'elles impliquent en même temps de la propension à des actes de cette dernière catégorie. — A cet égard, il est éminemment intéressant de lire les révélations qui ont été publiées dernièrement sur la conduite des Français à Moscou, en 1812, d'après les témoignages des survivants de cette époque, dans toutes les classes de la société russe. On y remarque que tous les témoins s'accordent à dire que les soldats français respectaient les femmes, quelque grand que fût le désarroi et le manque de surveillance qui régnaient à cette époque. — Enfin, on y voit que les brutalités et les vols dont se plaignent les mêmes témoins sont toujours à la charge des contingents étrangers que la Grande Armée comptait dans ses rangs, et tout particulièrement des Allemands, c'est-à-dire des Wurtembergeois et des Bavarois. (V. *Revue des Deux-Mondes*, n° du 15 juillet 1873.)

commis, et ce chiffre est très-inférieur à la réalité, à raison des lacunes que nous avons indiquées. Néanmoins, il n'y a pas de raison suffisante pour enlever aux Allemands le bénéfice de l'opinion qui leur est le plus communément acquise. Seulement nous hésiterions à en faire honneur complétement au caractère ou même au tempérament allemand ; car il est constant que les officiers se sont montrés beaucoup plus vigilants et sévères dans la répression des désordres de cette nature que dans toute autre circonstance.

En dehors de ce point de vue, qui a trait à des faits d'une nature particulière, la conduite des Allemands, en général, envers les personnes, et par suite le caractère qu'elle a pu révéler n'ont pas été appréciés de la même manière par tout le monde. Parmi les témoins de l'enquête, il en est qui relèvent avec indignation toutes les brutalités ou les grossièretés par eux commises, et qui leur attribuent un caractère violent et mauvais. Mais le plus grand nombre, au contraire, se loue de leur conduite. Quelques-uns reproduisent même, comme un écho de l'opinion populaire, ce jugement : « Ils sont meilleurs que les Français. » Ces témoignages sont d'autant plus significatifs qu'ils sont le plus souvent rendus par ceux-là mêmes qui se plaignent des vols nombreux commis par leurs hôtes.

Nous croyons, quant à nous, qu'il serait essentiellement contraire à la vérité, sur ce point, d'avoir une opinion décidément favorable ou défavorable aux Allemands. Si, au lieu de recueillir seulement les impressions divergentes éprouvées, au moment même, par les témoins, nous cherchons à nous rendre compte, par les faits, de ce qu'a été réellement leur conduite vis-à-vis des personnes, voici ce que nous trouvons, suivant nous :

En temps ordinaire et en l'absence de cause particulière pouvant amener des violences, elle a été presque toujours très-convenable. L'Allemand est en effet d'un caractère essentiellement tranquille. Il n'a, ni cette vivacité qui peut dégénérer en turbulence, ni ce sentiment puissant de sa personnalité qui se traduit chez quelques uns par des habitudes maussades ou arrogantes et un ton de commandement insupportable. Parmi les officiers, on en rencontre bien un certain nombre à l'air hautain et insolent ; mais leur morgue est contenue le plus souvent par une politesse aristocratique affectée et ils cherchent habituellement à se faire bien voir dans les maisons où ils logent. Enfin on trouve bien aussi de temps en temps des individualités violentes, querelleuses et mauvaises. Mais, en résumé, à considérer l'ensemble des faits, on peut dire que les Allemands ne se montrent ni emportés, ni insolents, et que le fond de leurs habitudes comme de leur caractère c'est la tranquillité. Des natures semblables sont infiniment plus supportables, en temps de guerre, pour les populations, que d'autres qui, aussi bonnes en réalité, ont des allures vives, tapageuses ou plus fières. Ces dernières provoquent d'ailleurs toujours plus de froissements et de rixes, causes ordinaires des violences.

Les Allemands font preuve aussi très-souvent d'une sensibilité qui frappe les populations. On voit, par exemple, officiers et soldats s'attendrir en parlant de leur famille, avec laquelle ils correspondent à chaque instant, dont ils portent religieusement sur eux les photographies ; embrasser avec émotion les enfants, pensant à ceux qu'ils ont laissés au pays natal.

Quelquefois même, quoique plus rarement, on voit chez eux la marque d'un caractère compatissant et charitable. On raconte que des soldats ont partagé leur ration avec les pauvres gens chez qui ils étaient logés. On constate à peu près partout que les blessés français sont très-bien soignés par le personnel des ambulances. Nous avons enfin trouvé dans l'enquête un fait particulier, très-honorable pour nos adversaires et que nous croyons devoir rapporter : on est heureux de rencontrer des traits semblables pour se consoler des scènes tristes ou odieuses de l'invasion.

Un habitant avait été tué à Moitron, le 1er mars, à la suite d'une rixe entre lui et un Allemand, tous deux ivres. Cette mort laissait presque sans ressource une veuve et un enfant. Plusieurs soldats viennent alors voir la pauvre femme, lui donnent de l'argent et se retirent en pleurant. Le régiment partait le lendemain ; mais, à la première étape, on y organisait une souscription, et une somme importante était envoyée à la veuve, au nom des soldats (*S.*, n° 3.)

Les traits principaux que nous venons de décrire d'après l'enquête, souffrent évidemment bien des exceptions. Les régiments sont loin de se ressembler. On a noté, par exemple, que les Bavarois, dans leur passage à l'est du département, en novembre, s'étaient livrés à des violences particulièrement nombreuses et graves ; que les cuirassiers blancs s'étaient presque partout signalés par leurs excès (1) ; que les contingents polonais au contraire s'étaient généralement fait remarquer par leur douceur. Mais cependant il est évident, d'après l'enquête, que le fond du caractère allemand, tel qu'il se manifeste généralement dans les circonstances ordinaires, peut se résumer ainsi : de la tranquillité toujours ; de la sensibilité, surtout pour ce qui a trait aux sentiments de famille ; plus rarement peut-être, de la bonté prête à faire un sacrifice. On comprend que la population leur ait su gré de ces allures, effrayée surtout comme elle l'avait été par le système de terreur que les Prussiens appliquaient sur leur passage. On s'imaginait, avant de les voir, que les soldats étaient capables de toutes sortes de violences ; et on leur était ensuite reconnaissant de toutes celles qu'ils ne commettaient pas.

Mais ce caractère allemand, si pacifique en général, est

(1) Ces cuirassiers paraissent avoir dans l'armée allemande une réputation en rapport avec les observations faites dans la Sarthe ; ainsi, à Tronchet, un régiment qui part avertit que celui qui doit le remplacer fera beaucoup de mal. Le nouveau régiment est composé de cuirassiers prussiens qui font effectivement singulièrement regretter leurs prédécesseurs.

évidemment capable, à un moment donné, de devenir violent et brutal. L'enquête nous révèle en effet, à cet égard, un trop grand nombre de faits significatifs, pour qu'il soit permis d'en douter.

Nous ne voulons pas parler des actes que les circonstances ont pu rendre plus ou moins excusables ou légitimes ; nous laissons de côté aussi, bien entendu, ceux qui n'ont pas été complétement volontaires, comme les violences nombreuses qui ont été accomplies sous l'influence de l'ivresse. En dehors de ces cas, nous connaissons, à la charge des Allemands, trop d'abus volontaires de la force, dans l'ordre matériel ou dans l'ordre moral, pour qu'il soit possible de ne pas en tenir compte dans l'appréciation du caractère : on doit en être, en effet, d'autant plus frappé que les qualités ordinaires de ce caractère, jointes aux dispositions nullement agressives de la population française, auraient dû, ce semble, rendre les violences très-rares pendant l'occupation.

Nous avons eu l'occasion, dans la première partie de ce travail, de passer en revue un grand nombre de ces abus de la force ; et cependant il ne faut pas oublier que nous avons dû omettre bien des faits, parce qu'ils ne se rattachaient pas plus ou moins à l'étude particulière que nous avions en vue. Parmi ces abus il en est beaucoup, il est vrai, qui ont un cachet particulier : ils sont l'exécution d'un système et une grande partie de la responsabilité qu'ils font encourir remonte plus haut que leurs auteurs immédiats. Mais il faut remarquer que ceux-ci ne se bornent pas seulement à obéir passivement à des ordres supérieurs ; ils sont pénétrés eux-mêmes de l'esprit qui inspire le système : on le voit à la façon dont ils l'exécutent ou dont ils l'interprètent. En d'autres termes, ce système, qu'on l'envisage dans sa conception ou dans son application, appartient évidemment, lui aussi, à l'étude du caractère national. Enfin il y a également un grand nombre de violences qui ne trahissent évidemment que des inspirations uniquement personnelles. C'est ce qu'il faut dire notamment de la plus grande partie de celles qui sont imputables aux simples soldats. — On ne saurait prétendre que ces abus de la force, qui contrastent si vivement avec la douceur de caractère que nous avons constatée, doivent être considérés comme accidentels ou provenant du fait de quelques individualités mauvaises, comme il y en a dans les rangs de toutes les armées. En effet, la répétition fréquente de ces abus, dans les mêmes circonstances ; la remarque, faite quelquefois, que les soldats les plus pacifiques, en temps ordinaire, s'en montrent aussi capables, à l'occasion ; le cachet de généralité du système prussien tout entier, — tout démontre que c'est bien le même caractère doux et tranquille, commun à la majorité, qui est susceptible, chez le plus grand nombre aussi, de conduire, dans certaines circonstances, à des violences graves.

Telle est la vérité; seulement il n'est pas étonnant qu'une partie de l'opinion porte un jugement entièrement favorable sur les Allemands, en raison de leurs habitudes ordinaires; de même qu'il est naturel aussi que ceux qui ont été témoins ou victimes de certaines scènes et de certains excès, ne tiennent pas compte de ces mêmes habitudes, et expriment sur le caractère national le jugement le plus sévère.

— Il est intéressant, pour l'étude du caractère, de rechercher quelles sont les circonstances qui font sortir l'Allemand de ses habitudes de douceur. Voici, à cet égard, ce que l'on peut remarquer dans l'enquête :

Souvent, c'est parce qu'il est irrité qu'il se livre à des violences : et alors, la cause de son irritation, c'est presque toujours l'opposition à ses convoitises, l'obstacle, même léger, apporté à ses déprédations ; il est rare qu'il s'irrite sous l'empire d'un autre mobile, si ce n'est pourtant, lorsqu'il rencontre, sur le terrain de la lutte, même la plus loyale, une résistance sur laquelle il ne comptait pas. Il est alors sans pitié : sa colère retombe lourdement sur des blessés, des prisonniers sans défense. Il y en a eu de nombreux exemples ;

nous citerons, ou nous rappellerons ici seulement les faits suivants :

A *La Ferté*, au moment de l'entrée des Bavarois, que nous avons racontée plus haut, un officier *supérieur* se jette sur la petite troupe d'otages que les soldats viennent de saisir dans la rue et, tout en les accablant d'injures, leur assène sur la tête des coups de plat de sabre, faisant couler le sang. (*Cherré*, Pr. ; *La Ferté*, S.)

A *Ardenay*, pendant le combat du 9 janvier, un fermier et son domestique qui pansent chez eux un blessé français, sont accablés de coups de crosse. (*Pr.*)

A *Sougé-le-Ganclon*, le 24 janvier, un prisonnier et un malade sont massacrés. (*Pr.*)

Mêmes cruautés à *Saint-Célerin-le-Géré*.

Au Mans, le 12 janvier, à l'heure où l'arrière-garde française protége la retraite par des feux de tirailleurs, une tête de colonne allemande, dirigée par plusieurs officiers, enfonce les portes d'une ambulance, située sur le boulevard Négrier, en prétendant que les Français, violant la convention de Genève, ont tiré sur eux, des fenêtres de l'établissement. C'est absolument sans fondement ; mais les soldats furieux n'écoutent rien, brisent et pillent tout, maltraitent odieusement l'aumônier, et faisant sortir de son lit un malade qui a son uniforme, ils lui enfoncent leurs baïonnettes dans le ventre (1). (*S.*, *n°* 43.)

Mais le plus souvent, peut-être, quand l'Allemand frappe

(1) Il faut remarquer que le premier soin des soldats, en entrant dans l'ambulance, avant de rechercher l'auteur du prétendu coup de fusil, est de se poster aux fenêtres et de diriger de là un tir plongeant sur les soldats français qui, disséminés dans les jardins des environs, couvrent de leurs feux l'entrée du faubourg. Ils transforment ainsi, à leur profit, en une sorte de redoute, jusqu'à la nuit, cette ambulance, dont la situation isolée et dominante rend l'occupation particulièrement avantageuse. — Il est permis de se demander si le prétexte des coups de fusil tirés sur eux par les fenêtres n'est pas inventé en connaissance de cause, pour pouvoir pénétrer, avec un semblant de droit, dans cette maison que protége la convention de Genève, mais qu'il est si avantageux d'occuper.

ou insulte, ce n'est sous l'empire d'aucune irritation, c'est tranquillement et de sang-froid.

Tel est le caractère des exécutions militaires iniques que nous avons rapportées. Ce n'est point la surexcitation de la lutte, l'irritation produite par les événements militaires, le désespoir de la défaite, qui les dictent aux officiers. Ces sentiments, qui pourraient, dans une certaine mesure, atténuer ce que ces actes ont à la fois d'illégitime et de cruel, sont bien loin d'eux. C'est au milieu de la victoire, des progrès méthodiques et sûrs de l'invasion, qu'ils les ordonnent, en pleine possession de leur calme habituel.

Les actes individuels, spontanés et sans liaison directe avec le système prussien, de la part soit des officiers, soit des soldats, présentent aussi très-souvent ce cachet de sang-froid et d'absence de passion dans l'exécution.

L'enquête nous le montre presque à chaque page.

Tantôt c'est le besoin de s'assurer, à n'importe quel prix, une sécurité absolue, qui est le mobile de l'acte. C'est ainsi qu'à chaque instant on voit les éclaireurs, en entrant dans une commune, commencer par maltraiter odieusement le maire ou l'adjoint, sans aucun motif, et comme début de relations. Ce fait est si fréquent, qu'il est sans intérêt de citer des exemples. Mais voici deux épisodes qui montreront comment le soldat allemand sait entendre le soin de sa sûreté, en général.

Le 25 novembre, un parti allemand, convoyant tranquillement un troupeau de moutons sur la route de Saint-Cosme à La Ferté, tire sur deux cultivateurs de la *Chapelle-du-Bois*, qui se bornent à le regarder passer. L'un d'eux, atteint de plusieurs balles tirées presque à bout portant, mourait un quart d'heure après.

Un autre jour, en décembre, à *Montmirail,* un détachement de dragons va « en réquisitions » dans un château des environs. Le garde est forcé d'emballer lui-même dans les chariots tout le vin de la cave. Quand il a terminé, sans mot dire, sa pénible tâche, un dragon l'ajuste tranquillement et lui envoie une balle presqu'à bout portant. (*Pr.*)

D'autres fois c'est pour se venger de quelque chose : la vengeance est alors poursuivie longtemps, froidement et avec cruauté.

Le 16 février, par exemple, on voit arriver à *Tresson* quinze cavaliers venant de Bouloire, en tournée de réquisitions. Ils traînent avec eux, dans un chariot, un paysan de cette dernière commune, placé à genoux et attaché par le cou avec une grosse corde. Ils s'en retournent, avec leur victime toujours dans la même position, et, quelques instants plus tard, l'auteur du rapport l'entend pousser de grands cris sous les coups qu'il reçoit. (*Pr.*)

A *Nuillé-le-Jalais*, plusieurs jours après le combat du 9 janvier, un franc-tireur est découvert au presbytère, où il était caché depuis le jour du combat : il est roué de coups de plat de sabre, jusqu'à ce que les hommes soient las; alors on lui fait passer plusieurs chevaux sur le corps et on le laisse à demi mort. (*Pr.*)

Lorsqu'il y a quelque chose à réquisitionner ou à prendre, ce sont les mêmes exemples de dureté impassible.

Une colonne allemande entre, le 12 janvier, dans le bourg de *Lombron* évacué la veille au soir par les troupes françaises. Quatre-vingts blessés français sont dans la maison d'école. Sur l'ordre et sous la surveillance d'un officier, les soldats prennent dans les sacs des blessés ce qui est à leur convenance et emportent les couvertures destinées à les abriter. (*S.*)

Un jour, le 29 janvier, à *Savigné-l'Evêque*, des soldats, en tournée dans les fermes, entrent dans une pauvre maison. Le père de famille vient d'expirer ; sa femme et trois petits enfants prient autour du lit de mort. Les soldats, sans s'émouvoir, montent au grenier et enlèvent consciencieusement le peu de grains qui s'y trouve, toute la provision de la pauvre famille. (*Pr.*)

Il y a enfin des actes qui ne sont inspirés que par une idée de divertissement bas ou cruel.

Ainsi, à *Mareschė*, plusieurs soldats, auxquels on n'a pas reproché du reste d'autres violences graves, s'amusent, plusieurs soirs de suite, dans la maison d'une femme dangereusement malade et sur le point de mourir, à dresser un catafalque au milieu du jardin, se livrant, autour de gros cierges allumés, à des parodies révoltantes, sous les fenêtres de la mourante. (*S.*)

Un des amusements des soldats, dont nous ne citerons aucun exemple particulier, parce qu'il est trop fréquent, c'est de maltraiter les otages ou prisonniers civils qui sont entre leurs mains. Coups de crosse et injures leur sont toujours libéralement distribués. On ne manque guère de leur infliger à satiété la même lugubre plaisanterie, qui a l'air d'être une sorte de tradition dans l'armée, et qui consiste à leur faire croire qu'ils vont être prochainement fusillés : on leur montre les cartouches, on leur appuie la pointe de la balle sur le front avec une mimique expressive, en ricanant et en disant : « *capout*.,.. tout à l'heure. » (*Enq.*, *passim.*)

Les officiers font quelquefois comme les soldats : un jour (le 24 novembre), des otages (ceux qui avaient été pris à La Ferté) passant à Nogent-le-Rotrou, rencontrent dans la rue quelques officiers allemands. Ceux-ci, qui ont à la main des fouets de chasse, prennent plaisir à les en frapper comme des chiens. (*S.*, *n°* 37.)

On voit assez, par ces faits que nous extrayons de l'enquête, à titre d'exemples, que les actes spontanés de l'Allemand ont trop souvent, comme les mesures prises sous l'inspiration du système, le cachet dont nous parlions tout à l'heure, et qu'on retrouve décidément dans les circonstances les plus variées. Ce sont des abus de la force résolus et accomplis froidement, sans l'excuse de la passion ou d'une vive excitation.

Ce qu'il y a en même temps de plus grave dans ces actes, comme dans ceux que nous signalions tout à l'heure, c'est qu'ils atteignent des mourants, des blessés, des prisonniers. L'Allemand n'hésite pas à frapper, à dépouiller, à insulter celui que sa faiblesse ou sa misère protégent ordinairement, en les mettant sous la sauvegarde de l'honneur, particulièrement de l'honneur militaire. *Res sacra miser*, a dit le poëte ; lui ne paraît pas s'en douter, ni s'apercevoir de la différence qu'il y a à frapper un véritable adversaire ou celui qui ne peut se défendre ; on dirait même quelquefois que cette impuissance l'excite et le provoque.

Quelle est la conclusion qu'il faut tirer de ces faits? On a évidemment le droit de les opposer au jugement complaisant que les Allemands portent sur eux-mêmes, jugement auquel nous souscrivions nous-même quelquefois avant 1870, sur la foi des idylles de Gessner, sans doute. Ils nous disent que leur caractère se distingue essentiellement par la « sensibilité » qui sait aimer et s'attendrir, s'ouvrir à toutes les pures émotions de l'imagination et du cœur. Et ils accusent en même temps volontiers les Français d'ignorer, dans leur vivacité ou dans leur amour-propre, toutes ces délicatesses. Or nous venons de voir les fruits que peut produire quelquefois la « sensibilité » allemande !

Nous croyons que nos voisins s'illusionnent de bonne foi sur leur propre compte. Chaque peuple, comme chaque époque, a ses modes particulières. Il était de mise chez nous, à la fin du XVIIIe siècle, de faire paraître aussi une « âme sensible »; éclairés par la Révolution sur ce que de telles âmes peuvent quelquefois enfanter de cruel, nous subissons maintenant plutôt la mode contraire, celle de ne pas avouer nos émotions et de paraître sceptiques quand même. Mais les Allemands en sont toujours aux idées du XVIIIe siècle et ils aiment à étaler à tout propos leurs attendrissements. En réalité, aucun peuple n'a le monopole de certains sentiments qui sont le fond de la nature humaine, et, quand les Allemands y prétendent quelquefois, ils méritent le ridicule, de même que les « sensibles conventionnels » et le « vertueux Robespierre » ont mérité nos malédictions.

Mais s'il faut, en présence des enseignements de la dernière guerre, en rabattre beaucoup des jugements favorables que les Allemands se délivrent à eux-mêmes et que nous adoptions jadis, gardons-nous en même temps de dépasser en sens inverse la mesure et de devenir trop sévères. Nous croyons, quant à nous, qu'un grand nombre des abus commis par eux, soit sous l'empire d'une passion, soit par calcul ou par pur amusement, s'expliquent, non pas par de la dureté de cœur, mais par une disposition particulière de l'esprit. Il y a chez l'Allemand une certaine fixité dans les idées, une certaine lenteur d'impressions qui fait, qu'absorbé dans une théorie, un sentiment, un intérêt, il suit leur impulsion jusqu'au bout et dépasse, sans s'en apercevoir, la limite du vrai et du juste, parce qu'aucune nouvelle inspiration n'est venue chez lui arrêter à temps la première. Cette disposition d'esprit se manifeste sous toutes les formes. C'est elle qui conduit quelquefois le savant allemand, de théorie en théorie, à des déductions absurdes. L'homme de guerre, lui, pénétré des nécessités de son métier, se fait des doctrines absolues sur l'étendue de ses droits, et les applique partout et toujours, même quand la nécessité ne les justifie plus; ou bien, si quelque circonstance excite ses instincts ou ses passions, il leur obéit aveuglément et sans distractions. Le savant n'a pas cet éclair de bon sens qui fait voir le faux au milieu des raisonnements les plus logiques en apparence ; le soldat n'a pas cette inspiration soudaine du cœur qui devrait lui faire voir le côté cruel ou honteux de certains actes, ces bons mouvements qui arrêtent souvent les natures les plus impétueuses. Il est très-accessible à la pitié, mais à la condition de n'être pas déjà sous l'empire d'un autre sentiment incompatible avec elle ; car celui-ci ne se laisse pas facilement déposséder.

C'est par cette disposition du caractère germanique qu'il faut expliquer, croyons-nous, beaucoup des excès commis pendant l'invasion. Cependant il faut peut-être arriver aussi à cette conclusion que l'Allemand, doué de goûts honnêtes et de bons sentiments, manque quelquefois d'une fibre particulière, celle qui, — complétement en dehors des inspirations de la charité chrétienne, laquelle pardonne même à la force, — tressaille chez certaines âmes, au spectacle de la faiblesse, quelle que soit son origine, et fait taire la voix de la passion, ou oublier son droit devant un ennemi désarmé : la générosité, en un mot.

— Si ce n'est pas par dureté, et par désir de nuire que les Allemands ont agi, en général, il n'en est pas moins vrai que plusieurs d'entre eux ont su trop bien ce qu'ils faisaient et ont été inspirés par des sentiments réellement malveillants pour la France. L'enquête montre, en effet, qu'on a souvent remarqué, pendant l'invasion, la haine portée à notre pays par beaucoup d'Allemands, surtout par les officiers ; la politesse ordinaire de ceux-ci n'a point empêché de voir clairement l'expression de ce sentiment dans leurs actes et dans leurs paroles. C'est qu'il faut bien que la France le sache : les classes influentes de l'Allemagne, surtout dans le nord et parmi les protestants, la haïssent profondément. Il y a un peu de tout dans cette haine. Il y a une antipathie de race, mêlée d'un antagonisme religieux, le tout exprimé par l'opposition souvent faite, de l'autre côté du Rhin, entre le « germanisme » et le « romanisme. » Il y a le désir de se venger des affronts de Napoléon Ier, désir que 1815 n'a pu assouvir. Il y a surtout de l'ambition qui s'en prend à la nation dont elle a toujours rencontré sur son chemin la rivalité. C'est en effet, — il ne faut pas se le dissimuler, — le rêve de l'Allemagne moderne, de celle qui pense, parle et agit, de reprendre dans le monde la suprématie matérielle et morale dont elle jouissait autrefois, au temps du Saint-Empire par exemple. La France est le pays qui a le plus contribué, depuis des siècles, à ruiner cette suprématie. Elle l'a conquise et gardée longtemps pour elle-même ; si elle ne l'a plus aujourd'hui, elle tient encore une grande place dans l'opinion publique. Nos adversaires le sentent bien ; ils rendent même involontairement hommage à cette situation, et l'on a observé bien souvent, dans la Sarthe, la préoccupation des officiers allemands de savoir comment on jugeait en France leur conduite. Mais c'est précisément cette situation et ce sont ces souvenirs qui irritent l'ambition nationale et qui lui font considérer toujours le peuple français comme l'ennemi héréditaire qu'il faut écraser (1).

— En même temps qu'elle suscite chez eux ce sentiment de haine pour la France, l'ambition qui est au cœur d'une partie des Allemands leur communique quelque chose de cette ardeur guerrière qui est nécessaire à ses desseins. Cette ardeur, qui est contraire aux instincts tranquilles de la nation, a été visible, pendant la campagne, chez beaucoup d'officiers qui se sont montrés animés de sentiments belliqueux et d'un véritable esprit militaire.

— Mais il en est tout autrement de la plupart des soldats et même d'un certain nombre d'officiers. On a bien des fois remarqué, dans la Sarthe, combien peu les sentiments et les idées dont nous venons de parler, et qui appartiennent surtout aux classes dirigeantes de l'Allemagne étaient partagés par les soldats. On n'a point chez eux observé de haine pour la France : que leur fait en effet, à eux, c'est-à-dire à l'ouvrier et au paysan, la querelle du germanisme et du romanisme, ou bien le souvenir de l'empire de Barberousse? Un seul mobile pouvait exciter leur ardeur contre nous : c'est l'idée que l'Allemagne, loin de faire la guerre par ambition, défendait ses foyers contre une injuste agression. Pour le leur persuader, ainsi qu'à l'Europe, la diplomatie prussienne a manœuvré comme on sait. C'était habile et on ne saurait croire combien cela a servi. Nous avons retrouvé plusieurs fois, dans des paroles recueillies par l'enquête, l'expression de cette conviction à laquelle la Prusse avait amené l'armée, à savoir que la pacifique Allemagne, même en janvier 1871, ne

(1) Durable, comme tous les sentiments de l'Allemand, cette haine nationale n'est point satisfaite par les derniers événements : il faut que l'opinion en soit bien persuadée en France. La soif de conquêtes, une fois allumée, ne s'éteint pas facilement ; et l'Allemagne n'a pas encore tout ce que les déductions du « droit historique » peuvent lui permettre de convoiter.

faisait qu'assurer sa sécurité contre un peuple avide et sans scrupules qui l'avait indignement attaquée. Mais si cette idée a incontestablement servi la politique prussienne, elle n'a cependant pas été suffisante pour donner beaucoup d'ardeur au soldat allemand. Il n'a pas tardé en effet à reconnaître que les Français étaient moins mauvais qu'on ne les lui avait dépeints. Mais surtout ses instincts naturels répugnent trop à la guerre, pour que celle à laquelle il était contraint depuis de longs mois, ne lui fût pas odieusement à charge, quelque légitime qu'elle lui parût. C'est là, en effet, une des remarques les plus fréquemment faites dans notre enquête : les paroles, les actes des Allemands, de presque tous les soldats, de nombreux officiers, trahissent invariablement une lassitude profonde ; ils ne font la guerre qu'à contre-cœur, soupirent chaque jour après la paix, et n'en veulent plus que d'une chose aux Français, c'est de leur obstination à ne pas vouloir la signer.

Cet état moral est caractéristique, car, si jamais toutes les circonstances ont été réunies pour faire vibrer chez des soldats la fibre guerrière, c'est bien pendant cette campagne. Les sentiments patriotiques dont nous venons de parler, et qui sont soigneusement réchauffés par les chants de guerre expédiés d'outre-Rhin (on en trouve sans cesse entre les mains des soldats) ; les triomphes inouïs des armes allemandes ; la gloire qui les couronne ; tout cela est bien fait pour parler à l'imagination et au cœur, pour faire oublier les dangers et les misères de la guerre, que d'ailleurs le succès et l'excellence de l'organisation réduisent singulièrement. Mais la passion de la tranquillité est la plus forte. Ils reconnaissent, du reste, bien volontiers que leur caractère est ainsi fait. « Nous ne sommes pas belliqueux comme les Français, les « entend-on dire souvent ; — eux, ils aiment le mouvement, « la lutte, la gloire, — nous, nous ne voulons que la paix. »

— Non-seulement le soldat allemand n'a aucun goût pour la guerre ; mais il ne sait pas toujours se défendre d'un sentiment de crainte, même au milieu des circonstances les plus propres à remonter son courage. On a été frappé souvent, par exemple, de voir l'effet produit sur son imagination par le mot de « francs-tireurs ». La crainte de ces troupes françaises, qui depuis longtemps étaient confondues avec les autres et ne se distinguaient point, ordinairement du moins, par des exploits particuliers, est un des mobiles les plus fréquents soit des précautions, soit des vengeances de l'armée. C'est que ce mot de franc-tireur rappelle et fait craindre la guerre de partisans, les dangers imprévus, les alertes et les embuscades, toutes choses essentiellement antipathiques au caractère allemand.

Toutefois, ce ne sont pas ces sentiments de crainte, auxquels, bien entendu, les officiers restent étrangers, que nous voulons surtout relever : nous ne voulons aucunement refuser le courage aux Allemands. Mais ce qui ressort bien clairement de l'enquête, c'est la nuance particulière qui distingue chez eux cette qualité et qui se retrouve dans tous les rangs de l'armée.

L'Allemand sait très-bien faire face au danger, quand il le faut; il sait même aller au-devant de lui, toujours lorsque les circonstances rendent cela nécessaire. Mais il y a des natures qui vont plus loin, qui aiment le danger à cause des émotions qu'il donne, et de la gloire qu'il y a à en triompher, qui, en même temps et par là même, ne cherchent pas à le diminuer, et, s'en fiant à leur seule vaillance, dédaignent les moyens détournés et indirects de succès. C'est ce caractère, généreux, mais essentiellement imprudent, que l'Allemand ne possède à aucun degré et qu'il taxerait volontiers de folie. Pour lui, il y a un but à atteindre : moins il y aura de lutte et de périls pour y arriver, mieux cela vaudra. Aussi on le voit s'entourer avec soin de tous les éléments matériels de succès, ne négliger aucune précaution relative à sa sûreté, même quand tout doit lui inspirer la confiance. C'est toujours, même au milieu du triomphe, la guerre scientifique, raisonnée et, en un mot, éminemment prudente.

Dans ces limites, il n'y a qu'à admirer des habitudes qui sont, surtout de nos jours, la garantie la meilleure d'un succès parfaitement loyal. Mais la même tournure d'esprit qui en est la source conduit parfois l'Allemand à des doctrines et à des pratiques que tout le monde ne peut pas approuver. Nous voulons parler de cet abus de la ruse et des moyens indirects qu'on a eu plus d'une fois l'occasion de constater pendant la campagne.

Il s'agit ici d'un chapitre de l'art militaire sur lequel les esprits ne sont pas toujours d'accord. La ruse est certainement permise à la guerre. Mais il y a certaines limites, dans l'art de tromper son adversaire, que les natures généreuses et franches avant tout répugnent invinciblement à dépasser ; pour elles, il y a des ruses et des manœuvres déloyales, qu'on ne doit pas se permettre. C'est sur ce point que les Allemands ou du moins les Prussiens nous révèlent clairement les tendances de leur caractère. L'école prussienne n'a jamais admis et n'admet pas ces distinctions. La seule chose qui reste pour elle défendue, c'est le manquement à la parole donnée. En dehors de ce cas, « l'État de l'intelligence », comme la Prusse aime à s'appeler, professe et applique la doctrine qui peut se résumer ainsi : le propre de la civilisation est la prédominance de l'esprit sur la matière ; l'emploi de son intelligence, dans des conditions et d'une manière qui seraient immorales en temps ordinaire, devient, en temps de guerre, au moins aussi légitime que l'emploi de la force matérielle ; le premier moyen doit même être employé de préférence au second parce que, faisant couler moins de sang, il a un caractère plus humain et plus civilisé. Forte de ce raisonnement, on voit la Prusse élever, par exemple, l'espionnage à la hauteur d'une institution, dans laquelle les officiers cherchent à l'envi l'occasion de se signaler, — fomenter, autant qu'elle le peut, la trahison du côté de son ennemi, — et, sans se contenter de ses succès militaires, chercher avec prédilection à obtenir la reddition de son adversaire par les moyens indirects, en profitant des *moments psychologiques*, pour rappeler une expression allemande devenue célèbre depuis le bombardement de Paris.

Ces tendances prussiennes, dont on a eu trop d'exemples pendant la guerre, sont visibles aussi dans maints passages de notre enquête. Rappelons-nous, par exemple, ces officiers qui déclarent qu'un de leurs buts, c'est d'opprimer le pays par leurs réquisitions et leurs contributions et de le contraindre à la paix par ce moyen indirect ; ces manœuvres et ces dissimulations si souvent employées dans la levée des contributions ; et surtout ce système d'intimidation à outrance, qui ne recule pas devant les actes les plus cruels et les plus illégitimes pour éviter quelques coups de fusil aux armées allemandes victorieuses.

Il ne faut pas hésiter à le reconnaître : toutes les pratiques prussiennes sont très-bien calculées pour atteindre le but final de la guerre : « l'intelligence » y brille. Mais on a beau en avoir sous les yeux les résultats triomphants et les théories spécieuses, on ne peut s'empêcher de trouver que nos voisins sont trop promptement portés, pour leur honneur, à chercher dans l'art des roueries et des iniquités profitables, un auxiliaire de leur courage et de leur force.

— Cette tendance à s'écarter de la droiture, quand il s'y trouve un intérêt, revêt quelquefois chez les Allemands une forme particulière qui a été bien remarquée. C'est lorsqu'il s'agit d'abuser l'opinion sur la nature d'un acte ou sur les intentions qui y ont présidé. On les voit trop souvent chercher, par des manœuvres et des explications diverses, à faire passer une mesure de spoliation ou d'oppression pour une concession ou un acte de justice. Tantôt c'est après les faits que ces efforts sont tentés ; tantôt c'est avant leur accomplissement, pour que la justification en soit plus facile. Ils inventent alors mille prétextes ou griefs imaginaires pour faire croire que l'œuvre de violence qu'ils méditent est, non-seulement leur droit, mais leur devoir ; que la victime a tous les torts, et qu'elle est bien effrontée de se plaindre. Ces tendances caractéristiques ont été observées en France, pour la première fois, il y a bien longtemps ; car la locution « querelle d'allemand » qui les résume habituellement pour nous, existe dans la vocabulaire français depuis le XVIe siècle, d'après M. Littré. — Notre enquête en contient de nombreux exemples.

Dans bien des circonstances, il faut appeler cette manière de faire par son nom : l'hypocrisie. Mais, très-souvent aussi, il ne faut y voir que la marque d'un esprit chez qui, comme nous l'avons déjà remarqué, le sentiment du vrai peut être trop facilement étouffé sous des raisonnements spécieux. Ici, c'est un genre particulier de vanité qui les suggère. L'Allemagne se persuade qu'elle est essentiellement « le pays des mœurs pieuses et de la crainte de Dieu, » comme le disait naguère l'empereur Guillaume, le foyer de la civilisation morale, appelé à régénérer le monde. La haute opinion qu'elle a d'elle-même, à cet égard, est très-caractéristique. Il faut évidemment que les actes d'un pays semblable soient marqués au coin du respect scrupuleux de la justice. C'est pour cela que tous s'emploient à le lui imprimer artificiellement, même parfois au mépris du sens commun ; quelques-uns avec conscience de ce qu'ils font (1), mais le plus grand nombre avec une bonne foi que la vanité abuse.

— Ce travers, que nous avons bien le droit de relever chez ceux qui parlent tant de « l'outrecuidance française », a sa source, il faut le reconnaître, dans des habitudes honorables de l'Allemagne. Elle s'attribue trop facilement un niveau moral supérieur à celui de plusieurs autres peuples, de la France en particulier ; mais il faut avouer qu'il règne dans son sein un respect de l'ordre moral qui n'existe pas chez nous. L'Allemagne, par exemple, honore ostensiblement et

(1) Comme celui, par exemple, à qui il échappait un jour cette parole, reniée depuis : « la force prime le droit. »

hautement la science et la vertu, tandis que chez nous ces deux grandes choses sont trop souvent ridiculisées, sous le prétexte d'attaques contre le pédantisme et l'hypocrisie.

Or, si au fond nous sommes moins ignorants et moins vicieux que les apparences peuvent le faire croire et que nos voisins se l'imaginent, il n'en est pas moins vrai que ce respect extérieur de tout ce qui est respectable, est un puissant aiguillon et un frein précieux, que nous devons envier aux Allemands.

C'est, par exemple, une des causes principales de la diffusion de l'instruction parmi eux et de l'étendue de leurs connaissances. On a vivement remarqué dans notre département, comme ailleurs, combien officiers et soldats, chacun dans sa sphère, étaient instruits et au courant de toutes choses (1). Or ce ne sont ni des aptitudes particulières, ni tel système spécial d'enseignement, c'est l'habitude de récompenser dignement, de respecter et d'honorer hautement le travail intellectuel, sous toutes ses formes, au risque de passer pour pédants, qui a élevé les Allemands à ce niveau, en fortifiant chez eux ce goût de s'instruire, auquel aucune disposition naturelle et aucune méthode ne peuvent suppléer.

Il faut en dire autant de cette discipline qui a été si remarquée, et avec raison. Elle comporte quelquefois des procédés que le tempérament français, avec ce vif sentiment de la personnalité individuelle qui le caractérise, ne pourrait guère supporter, comme cette habitude des officiers de frapper leurs soldats, qui a été bien des fois signalée. Mais, telle qu'elle est, nous ne pouvons que l'admirer comme un des meilleurs instruments de succès des Allemands. Or ce qui l'a surtout rendue si forte chez eux, c'est ce respect qu'ils gardent encore

(1) On a beaucoup remarqué, — pour ne rappeler ici que ce point particulier — les connaissances topographiques des simples sous-officiers, par exemple, et leur habitude de lire les cartes, répandues dans tous les rangs de l'armée. — C'était un singulier contraste avec ce qui se passait de notre côté.

pour l'ordre établi. *Mit Gott, für Kœnig und Vaterland* (Avec Dieu, pour le roi et la patrie) : cette devise prussienne inscrite sur le casque des soldats n'est pas sans être aussi empreinte dans leur cœur. Ils n'ont ni cette impatience de la règle, que donne un caractère trop vif et indépendant, ni ce mépris pour l'autorité, que laissent derrière elles les révolutions ; le respect, voilà le grand ressort de cette discipline si précieuse.

Telles sont les observations que l'étude de l'enquête nous a suggérées sur le caractère et les habitudes des Allemands. La nature de ce travail, basé sur des observations faites en temps de guerre, nous a peut-être, malgré nous, fait insister davantage sur les côtés défavorables. Nous tenons à conclure comme nous avons commencé. Chaque peuple a ses qualités et ses défauts. Les Allemands ne sont ni meilleurs ni pires que d'autres. Ils auraient, croyons-nous, malgré le mépris qu'ils affectent maintenant pour la France, certaines choses à lui envier ; quant à nous, ne nous laissons pas aveugler par des ressentiments légitimes et reconnaissons chez eux des qualités que nous aurions grand besoin de nous approprier.

Dépourvu d'élan, et doué d'aptitudes moins brillantes peut-être, l'Allemand peut dépasser par l'application patiente et tenace de ses facultés à un but déterminé, par le travail, en un mot, celui qui marchait d'abord devant lui : sachons nous en souvenir. Moins accessible aux sentiments qui ont exclusivement l'honneur pour principe, il trouve dans le sentiment du devoir, dans le respect de la règle et de l'autorité une force souvent plus durable : sachons après tant de solennels avertissements, comprendre enfin que c'est là seulement ce qui a fait toujours et ce qui fera encore les familles fortes, les états prospères, et les armées puissantes.

Le Mans, juillet 1873.

Le Mans. — Typographie Ed. Monnoyer. — Déc. 1873.

www.ingramcontent.com/pod-product-compliance
Ingram Content Group UK Ltd.
Pitfield, Milton Keynes, MK11 3LW, UK
UKHW012045240726
13965UKWH00003B/1045